사랑받는 숏폼에서 돈이 되는 숏폼까지, 15가지 노하우

KB135788

대박나는 숏폼 콘텐츠의 비밀

| 선우의성 저 |

15:00

숏폼
크리에이터
15인의
성공비법

최신 숏폼
트렌드
분석!

디지털 콘텐츠 기획 / 마케팅 / 트렌드 전문가
선우의성

DIGITAL BOOKS
디지털북스

사랑받는 숏폼에서 돈이 되는 숏폼까지, 15가지 노하우

대박나는
숏폼 콘텐츠의
비밀

.

| 만든 사람들 |

기획 IT · CG 기획부 | **진행** 양종엽 | **집필** 선우의성
표지 디자인 원은영 · D.J.I books design studio | **편집 디자인** 이기숙 · 디자인 숲

| 책 내용 문의 |

도서 내용에 대해 궁금한 사항이 있으시면,
디지털북스 홈페이지의 게시판을 통해서 해결하실 수 있습니다.

디지털북스 홈페이지 digitalbooks.co.kr
디지털북스 페이스북 facebook.com/ithinkbook
디지털북스 인스타그램 instagram.com/digitalbooks1999
디지털북스 유튜브 유튜브에서 [디지털북스] 검색
디지털북스 이메일 djibooks@naver.com gmail.com
저자 이메일 swesanchor@naver.com

| 각종 문의 |

영업관련 dji_digitalbooks@naver.com
기획관련 djibooks@naver.com
전화번호 (02) 447-3157~8

※ 잘못된 책은 구입하신 서점에서 교환해 드립니다.
※ 이 책의 일부 혹은 전체 내용에 대한 무단 복사, 복제, 전재는 저작권법에 저촉됩니다.
※ 유튜브 [디지털북스] 채널에 오시면 저자 인터뷰 및 도서 소개 영상을 감상하실 수 있습니다.

사랑받는 숏폼에서 돈이 되는 숏폼까지, 15가지 노하우

대박나는 숏폼 콘텐츠의 비밀

하루가 다르게 트렌드가 바뀌고, 눈에 띄게 성장하는 플랫폼이 있습니다. 바로 틱톡, 유튜브 쇼츠, 인스타그램 릴스 등 '숏폼 플랫폼'입니다. 이렇게 빠르게 성장하고 있다는 것은 그만큼 큰 매력을 갖고 있다는 뜻이기도 합니다.

숏폼 콘텐츠의 매력은 무엇일까요? 무엇보다 '짧다'는 그 자체가 가장 큰 매력일 것입니다. 바쁜 현대 사회에서 1분 이내의 짧은 시간 안에 최대한 많은 정보와 재미를 얻을 수 있다는 것은 큰 장점이 될 수 있습니다. 또한 짧기 때문에 생기는 콘텐츠적인 장점도 있습니다. 하나의 숏폼 영상은 여러 가지 이야기를 하기보다는 하나의 핵심 주제에 집중하는 특성을 갖고 있습니다. 때문에 목적이 확실한 영상들이 많아 시청자 입장에서는 더욱 집중도 높은 영상을 즐길 수 있습니다.

또한 숏폼 콘텐츠는 거의 모든 분야와 연계가 가능합니다. 음악, 패션, 예술, 여행, 스포츠, 마케팅 등 다양한 분야들은 숏폼을 만나 혁신을 이루고 있습니다. 때문에 가수의 새로운 음반이 나왔을 때, 대규모의 스포츠 행사를 진행할 때, 새로운 상품이 나와 이를 홍보해야 할 때 등 다양한 상황에서 숏폼 플랫폼과의 협업이 이어지고 있습니다.

숏폼 콘텐츠는 단순히 '재미'의 영역에만 그치지 않습니다. 선거의 주요 공약을 홍보하기 위해, 혹은 사회적 메시지를 전달하기 위한 중요한 역할을 수행하고 있습니다. 10대들에게 어려울 수 있는 뉴스의 중요한 팩트들도 숏폼을 만나면 이해하기 쉽게 전달이 가능하기도 합니다. 이처럼 '짧다'는 무기를 장착한 숏폼 플랫폼들은 다양한 분야와 협업하며 지금 이 시간에도 진화, 발전해 나가고 있습니다.

이 책은 전반적인 트렌드와 콘텐츠의 기획, 운영, 제작 노하우를 알고 싶어하는 모든 사람들을 위해 기획되었습니다.

1장은 음악, 마케팅, 패션, 예술, 스포츠, 여행 등 다양한 분야의 숏폼 콘텐츠 트렌드를 알기 쉽게 설명했습니다. 숏폼 콘텐츠 트렌드를 통해 숏폼의 전반적인 현황을 쉽게 이해할 수 있도록 구성했습니다.

2장은 숏폼 크리에이터 인터뷰로 구성되어 있습니다. 숏폼 콘텐츠의 기획, 제작, 편집, 팔로워와의 소통, 트렌드 등 전반적인 사항을 담았습니다. 숏폼 크리에이터가 되고 싶은 분, 숏폼 콘텐츠를 활용한 마케팅을 전개하고 싶은 마케터, 숏폼 콘텐츠 그 자체를 이해하고 싶은 많은 분들에게 유용할 것이라고 생각합니다.

책의 인터뷰에 참여한 15명의 숏폼 크리에이터분들, 사랑하는 나의 가족, 그리고 여자친구에게 감사의 마음을 전합니다.

목차

PART. 01

숏폼 콘텐츠
트렌드 살펴보기

INTRO

틱톡은 지난 2021년 세계 방문자 수 1위 사이트에 올랐다.[1] 이뿐만이 아니라 2022년 전 세계 월간 이용자(MAU) 10억 명을 달성했다. 말 그대로 세계에서 가장 핫한 동영상 플랫폼 중 하나의 지위에 오른 것이다. 2016년 서비스를 시작한 틱톡은 정말 짧은 시간 안에 압축적인 성장을 이루어 왔다. 처음엔 찻잔 속 태풍 정도로 여겨지기도 했다. 10대들만의 재미있는 놀이 정도로 여기는 일부 사람들도 있었다. 하지만 불과 몇 년 사이 틱톡은 눈부신 성장을 이룩했다. 그리고 10대들만의 놀이터에서 동영상 플랫폼의 대표주자로 성장하게 되었다. 그 비결은 틱톡이 '숏폼 콘텐츠' 트렌드를 이끌었기 때문이다. 만약 동영상 플랫폼으로서 후발주자인 틱톡이 처음부터 유튜브처럼 미드폼, 롱폼 등 다양한 영역에 집중했다면 유튜브와 차별점을 갖지 못한 채 지금 같은 인기를 얻을 수 없었을 것이다. 하지만 스마트폰과 네트워크 발달을 기반으로 세로형의 짧은 영상에 익숙한 10~20대를 집중 공략한 틱톡의 선택과 집중은 큰 성과로 이어질 수 있었다. 그리고 이러한 틱톡의 숏폼 영상 플랫폼으로서의 성장은 동영상 플랫폼 서비스의 제왕 '유튜브'를 자극했다. 그 결과 '유튜브 쇼츠' 서비스를 출시하면서 숏폼 콘텐츠 플랫폼 전쟁의 서막을 알렸다. 대표적인 사진 기반의 SNS였던 인스타그램도 릴스를 본격적으로 출시하면서 숏폼 콘텐츠 플랫폼 전쟁에 뛰어들고 있는 형국이다.

틱톡의 대세감을 보여주는 대표적 사례가 있다. 지난 2022년 월스트리트저널(WSJ)은 포브스를 인용해 '지난 한 해 동안 가장 많은 수익을 벌어들인 틱톡 스타'를 발표했다. 그녀는 1억 3천만명 이상의 팔로워를 갖고 있는 '찰리 디아멜리오'였다. 전 세계 사람들은 놀랄 수밖에 없었다. 우선 그 틱톡 스타가 10대라는 점, 팔로워가 1억 3천만명이 넘는다는 점, 무엇보다 한 해 동안 벌어들인 수익이 약 209억원으로 스탠다드앤푸어스(S&P)500 기업 CEO들의 2020년 평균 연봉(약 159억원)을 넘어섰다는 점 때문이었다. 엑손모빌 등 세계적인 기업의 CEO 연봉을 상회하는 금액이었다.[2] 이러한 사례는 틱톡이 단순히 10대들의 놀이터 수준을 넘어 실제 엄청난 돈을 버는 스타들이 즐비한 세계적인 영상 플랫폼임을 반증하는 것이다. 이제 플랫폼 내에서 누구든지 돈을 벌고, 스타가 될 수 있음을 입증한 것이다. 지금도 국내외 다양한 틱톡 크리에이터들은 제2의 '찰리 디아멜리오'가 되기 위해, 전업 크리에이터가 되기 위해 다양한 도전을 시도하고 있다.

이처럼 숏폼 콘텐츠 플랫폼 시장에서 성과를 내고 있는 틱톡에 대항하기 위해 유튜브 쇼츠는 지속적으로 경쟁력을 강화하고 있다. 2023년 2월부터 '조회수에 따른 광고 수익'을 창작자에게 나눠주기로 한 것이다. '유튜브 파트너 프로그램' 대상에 쇼츠 크리에이터들도 포함되면서 광고 수익을 받을 수 있게 된 것이다. 유튜브 쇼츠의 이러한 시도는 차별적인 경쟁력이 될 것이다. 자연스럽게 크리에이터들은 유튜브 쇼츠에 많은 콘텐츠를 제공하고, 유튜브는 수많은 숏폼 콘텐츠를 제공하는 플랫폼으로 지속 성장해 나갈 것이다.[3]

숏폼 콘텐츠 플랫폼들의 경쟁은 단순히 '숏폼'의 영역에만 머물고 있지 않다. 틱톡의 경우 2022년 3월 동영상 길이를 최대 10분으로 확장했다. 2021년 7월 최대 3분으로 확대한데 이은 조치인 것이다.[4] 이는 1분 미만의 숏폼 콘텐츠에만 집중했던 틱톡이 점차 미드폼 등 영역을 확장하면서 유튜브 등 다른 영상 플랫폼의 영역까지 진출하려는 시도인 것이다. 유튜브의 경우도 '유튜브 쇼츠'를 출시하면서 틱톡이 갖고 있던 숏폼 콘텐츠 분야를 적극 공략하고 있다. 영상 플랫폼들의 이러한 경쟁은 결국 서로의 전문 분야를 공략하는 동시에 종합적인 영상 플랫폼으로의 성장을 도모하는 것이다. 앞으로 영상 플랫폼들은 자신만의 전문 분야를 넘어 종합 영상 플랫폼으로서 경쟁하면서 지금보다 비슷한 형태의 플랫폼으로 성장할 가능성이 높다. 하지만 모든 영상 플랫폼이 현재 성장 전략으로 집중하는 분야는 '숏폼 콘텐츠'라는 점에는 모두 이견이 없을 것이다. 그만큼 새롭게 성장하는 분야이자, 특히 MZ세대가 트렌드를 이끌어가는 곳인 것이다.

(음악) 음악 시장을 주도하고 있는 숏폼 플랫폼

K-POP 홍보는 '숏폼' 이 대세

　과거 가수의 새 앨범이 나왔을 때, 기획사/음반사 등은 어떻게 홍보를 진행했을까? 라디오가 가수들 활동의 핵심이었던 시절에는 매니저 등이 직접 앨범을 방송국의 PD 등 키(Key)맨에게 전달하고 홍보하는 방식을 활용했다고 한다. 그러다가 케이블의 음악 전문 채널들이 생겨나고, 뮤직 비디오 등이 제작되면서 좀 더 본격적으로 대중들을 향한 마케팅이 시작되었다. 그러나 여전히 방송, 라디오 등 대중 매체를 통한 제한적인 홍보만이 가능했다.

　그러나 이제는 대중 매체를 통한 홍보뿐 아니라, 좀 더 효과적인 방법을 통해 글로벌적인 홍보가 가능해졌다. 바로 '틱톡' 등 숏폼 플랫폼 덕분이다. 다양한 K-POP 아이돌 그룹의 경우, 신곡이 나왔을 때 틱톡 등을 통한 '댄스 챌린지' 등을 진행한다. 노래의 다양한 안무 중에서도 가장 따라하기 쉬운 핵심 안무 1~2가지를 노래와 함께 따라하는 '댄스 챌린지'를 진행하는 것이다. 아이돌 멤버들이 댄스 챌린지의 안무를 설명하는 숏폼 영상의 조회수는 일주일만에 2억뷰가 넘기도 하는 등 엄청난 성과를 창출하고 있다. 한국뿐 아니라 전 세계의 K-POP 팬들이 함께 했기 때문에 가능한 성과다. 이러한 댄스 챌린지는 다양한 일반인의 참여뿐 아니라, 다양한 가수와의 콜라보 등을 통해 지속적으로 관심을 집중시키는 효과를 가져온다. '틱톡'이라는 글로벌 숏폼 플랫폼을 통해, 내 손안의 작은 스마트폰만으로도 엄청난 파급력을 가져올 수 있는 세상이 된 것이다.

이처럼 다양한 K-POP 가수들은 숏폼 플랫폼의 영향력을 활용하기 위해 댄스 챌린지를 진행한다. 하지만 틱톡 등 다양한 숏폼 플랫폼 입장에서도 K-POP 아티스트의 세계적인 영향력을 통해 플랫폼 자체의 영향력을 확대하는 전략을 취하기도 한다. 결국, 틱톡 등 숏폼 플랫폼을 통한 댄스 챌린지는 가수와 플랫폼의 공생하는 긍정적인 모델로 발전하고 있다.

숏폼 콘텐츠가 역주행을 이끈다?

숏폼 플랫폼들이 단순히 인기 있는 가수와의 협업만을 진행하는 것은 아니다. 오히려 틱톡에서 많이 사용되는 음원이 갑자기 역주행을 하는 사례들도 있다. 글래스 애니멀스의 'Heat Waves'는 첫 발매 후 59주 만에 빌보드 핫 100 1위를 달성했다. 사실 빌보드 메인 차트에서 발매 후 몇 달이 지난 후에 갑자기 1위를 하는 경우는 흔한 현상이 아니다. 이것을 가능하게 한 것이 틱톡이다. 틱톡 내에서 커플들의 모습을 담은 영상에 이 노래가 쓰이기 시작하면서 인기를 얻게 된 것이다.[5] 틱톡의 경우, 특정 장면에 주로 사용되는 음원들이 발생하기 마련이다. 보통 60초 미만의 짧은 영상들이 주를 이루기 때문에, 짧은 시간 안에 임팩트를 남기기에 용이한 노래들이 인기를 끌기 마련이다. 커플들이 등장하는 장면에서 글래스 애니멀스의 노래가 많이 쓰이게 되어 추천 영상이 되고 나면, 더욱더 많은 사람들이 해당 음원을 사용하면서 엄청난 파급력을 얻게 되는 것이다. 특히 트렌드가 시시각각 바뀌는 틱톡의 경우, 하나의 음원이 인기를 얻는 시간은 길지 않다. 짧은 기간 안에 엄청난 사람들에게 퍼져 나간 영상은 틱톡을 넘어 빌보드 차트까지 영향을 미치게 된다. 하나의 플랫폼 안에서 인기를 얻게 된 노래가 플랫폼 밖의 사람들에게도 영향을 미치는 정도에 이르게 된 것이다. 이제 '틱톡이 내 인생을 바꿨다'는 가수들이 나타날 정도로 틱톡이 갖고 있는 팝계의 영향력은 강력하다.

유튜브 쇼츠에서도 역주행의 현상들을 발견할 수 있다. 'Stay with me'라는 J-POP 노래의 경우 무려 34년 전 발매된 노래지만, 유튜브 쇼츠 영상에 많이 사용되면서 큰 인기를 다시 얻고 있는 가장 대표적인 사례다. 유튜브 쇼츠에서 해당 노래를 검색하면, 다양한 사람들의 노래 커버, 리믹스 기능을 활용한 기타 합주 등 다양한 영상들이 검색된다. 유튜브 쇼츠를 통해 해당 노래가 인기를 얻게 되면서 MZ세대들이 사랑하는 노래로 자리잡게 되었다. 숏폼 플랫폼이 아니었다면 그냥 지나간 과거의 노래, 부모님들이 즐겨 듣던 노래로만 인식되었을지도 몰랐을 것이다. 이처럼 숏폼 콘텐츠를 통한 확산은 음악 시장에 새로운 트렌드를 이끌고 있다.

지난 2021년 데뷔한 J-POP 가수 '이마세'의 경우, 숏폼 플랫폼을 통해 큰 인기를 얻은 대표적인 사례이다. 틱톡에서 12억 회 이상의 조회수를 기록하고, 다양한 K-POP 스타들과 챌린지를 진행하기도 했다. 특히 인스타그램 릴스에서는 그의 노래 '나이트 댄서'를 배경으로 한 다양한 영상들을 만나볼 수 있다. 예를 들어 일본 여행의 다양한 장면을 그의 노래 템포에 맞춰 편집해서 업로드하는 식이다. 그 결과 이마세는 J-POP 최초로 멜론

탑100 차트에 진입하는 성과를 얻기도 했다. 30초 미만의 숏폼 영상에 딱 맞는 노래의 임팩트 덕분에 얻을 수 있었던 성과이다.[6]

숏폼 플랫폼은 미국 빌보드 차트에까지 직접적인 영향을 미치고 있다. 미국 빌보드 차트는 '송 브레이커'라는 새로운 차트를 만들기도 했다.[7] 소셜 플랫폼에서 콘텐츠에 참여하는 지수를 순위에 반영한 것이다. 전통적으로 앨범, 라디오, 음원 등 수치를 고집했던 빌보드는 이제 시대의 흐름을 받아들여 현실적인 차트를 만들어 낸 것이라 생각한다. 미국뿐 아니라 국내 음악 방송 프램그램도 틱톡 등 소셜 미디어 점수를 순위에 반영하고 있다. 그만큼 숏폼 플랫폼이 음악 산업에 끼치는 영향력을 절대적인 것으로 발전하고 있다.

과거 '원더걸스'는 미국 진출을 위해 직접 발로 뛰는 전략을 선택했다. 그때만 하더라도 직접 전국을 돌며 콘서트를 하고 얼굴을 알리는 방식이 가장 효과적인 방식이었기 때문이다. 하지만 당시에는 가장 효과적이었던 이 방법은 장기적으로 탄탄한 팬 층을 만들 수 있다는 장점은 있지만, 짧은 시간 안에 폭발적인 영향력을 미치는 것에는 한계가 있었다. 틱톡, 유튜브 쇼츠, 인스타그램 릴스 등 숏폼 플랫폼이 일상 속에 파고들게 되면서 많은 가수들은 온라인을 통한 홍보에 열을 올리고 있다. 전 세계인이 사용하는 숏폼 플랫폼 내에서 인기를 얻게 되면, 짧은 시간 내에도 전 세계적인 인기를 얻을 수 있기 때문이다.

유명 틱톡커 〈미인〉의 경우, 음악을 통한 미국 등 세계 진출을 노리고 있다. 우선 〈미인〉 채널의 주 팔로워들은 외국인이다. 특히 미국에 거주하는 사람들이 대부분이다. 그가 거리를 지나갈 때, 정작 국내보다는 미국에서 알아보는 사람이 더 많은 이유이다. 그는 틱톡커로 활동하면서 틱톡의 글로벌적인 특징을 체감할 수 있었다. 특히 '오징어 게임' 관련 콘텐츠를 기점으로 글로벌적인 채널이 될 수 있었다. 언어가 크게 필요하지 않은 숏폼 콘텐츠의 특성상 댓글에도 수많은 외국인들의 댓글을 발견할 수 있다. 그가 주목한 것은 틱톡 전용 음원들의 인기이다. 틱톡의 다양한 숏폼 영상에 어울릴 수 있는 틱톡 전용 음원들이 출시되고, 영상에 많이 활용되면서 세계적인 인기를 얻는 노래로 발전한 사례들을 발견할 수 있었다. 음악을 통해 그래미 등 세계적인 시상식에 진출하는 것을 목표로 잡은 그의 꿈이 허황되게만 들지 않는 이유이다. 영향력 높은 틱톡커인 그가 만든 영상과 음원이 틱톡 내에서 많은 크리에이터가 따라하는 영상이 되기만 한다면 미국 내에서의 영향력은 자연스럽게 따라올 수 있는 세상이 된 것이다. 불과 15년 전만 해도 투어 버스를 통해서만 진출할 수 있었던 미국 시장의 거대한 장벽이 내 손안의 스마트폰 세상을 통해 조금씩 허물어지고 있는 것이다.

틱톡 등 숏폼 플랫폼은 이제 음악 트렌드를 주도하는 가장 핵심적인 플랫폼으로 성장했다. 인기가 없었던 곡을 빌보드 1위로 만드는가 하면, 오랜 옛날 인기 있었던 노래를 다시금 차트에 입성시키는 역할을 하기도 한다. TV, 라디오 등 전통 미디어의 영향력이 줄어드는 만큼 숏폼 플랫폼은 음악 분야에서의 영향력을 넓혀가고 있다. 이제 시작이라고 생각한다. 앞으로 숏폼 플랫폼의 영향력이 커져갈수록, 음악 산업에 미치는 영향을 늘어날 수밖에 없다. 미래에는 숏폼 플랫폼에서 인기를 얻기 위한 방향으로 음악의 편곡이 이뤄질 수 있다. 점점 짧아지는 노래들이 많아지고 있는 것은 우연이 아니다. 숏폼 플랫폼과 음악 산업이 앞으로 어떤 영향을 미치며 어떤 미래를 그려 나가게 될지 기대가 되는 바이다.

(마케팅) 디지털 마케팅의 중심! 숏폼 마케팅

다양한 숏폼 챌린지를 통해 소비자 참여를 이끌어내는 기업들

　'올 겨울 혼자 어때, 둘이 어때, 셋이 어때'라는 가사의 〈여기어때〉 CM 송이 화제를 모은 적이 있다. TV 광고 자체에 다양한 셀럽들이 출연해서이 기도 했지만, 틱톡에서 해당 노래를 기반으로한 다양한 숏폼 영상이 제작, 확산되었기 때문이다. TV 광고에서 사용된 CM송이 TV라는 공간에만 머물지 않았다. 중독성 높은 이 노래는 틱톡을 통한 #여기어때 챌린지로 다양한 사람들의 참여를 이끌어 냈다. 가수 이영지가 부른 CM송 음원에 맞춰 틱톡의 다양한 기능들을 활용한 영상들이 공유되었다. 수많은 연예인, 틱톡커들이 광고 형태로 먼저 참여해 붐을 이끌어냈고, 이어 다양한 사람들이 참여가 이어졌다. 이처럼 틱톡의 장점은 누구나 참여하기 쉽다는 점에 있다. 틱톡의 기본적인 기능만으로도 꽤 퀄리티 높은 영상의 제작이 가능해진다. 기본적으로 제공되는 음원을 사용하고, 편집도 폰으로 찍어 바로 업로드할 수 있다. 이렇게 제작과 참여가 쉽다는 것은 수많은 사람들의 참여를 가능하게 한다. 만약 틱톡 등 숏폼 플랫폼이 없었다면 이렇게 많은 사람들이 영상으로 참여하는 것에는 한계가 있었을 것이다. 그리고 스마트폰, 네트워크의 발달은 이를 현실화하는데 큰 역할을 했다. '누구나 쉽게 참여가 가능하다'는 점은 기업 입장에서는 마케팅적으로 활용도가 높다는 것을 의미하기도 한다.

틱톡 뿐 아니라 인스타그램 릴스에서도 다양한 마케팅 협업이 이루어지고 있다. 자동차 브랜드 쉐보레의 경우, 가수 박재범과 함께하는 댄스 챌린지를 진행했다. 해당 자동차의 타겟이 MZ세대였기 때문에 그에 적합한 마케팅 수단으로 릴스를 선택한 것이다. 해당 챌린지가 더욱 주목을 받은 것은 단순히 박재범의 댄스를 따라한 것이 아니라 리믹스 기능을 통해 함께하는 느낌을 강화시켰다는 점이다. 박재범이 부른 광고 음악에 맞춰 제작한 안무 영상을 리믹스 기능을 통해 영상이 나란히 노출되는 방식을 선택했다. 숏폼 플랫폼의 이러한 기능을 통해 좀 더 다양한 챌린지 참여가 가능해지는 것이다.[8]

브랜디드 콘텐츠가 사랑받는 이유

유튜브 쇼츠의 경우, 홍보하고 싶은 상품의 특성을 콘텐츠에 녹여서 제작하는 '브랜디드 콘텐츠' 형태가 큰 사랑을 받고 있다. 쿠팡은 로켓 프레시 서비스를 홍보하기 위해 '내일 뭐먹지?' 콘텐츠를 제작했다. 서비스 자체가 음식과 연관되어 있기 때문에 음식 레시피를 숏폼 콘텐츠로 제작한 것이다. 해당 사례는 상품의 홍보를 콘텐츠로 풀어내는 브랜디드 콘텐츠의 특성을 잘 녹여낸 사례이다. 만약 '로켓 프레시' 서비스의 특징을 나열하는 방식으로 영상을 제작했다면 사람들의 관심을 받기 어려웠을 것이다. 또한 현재처럼 시리즈로 제작할 수 없었을 것이다. 서비스 자체를 직접적으로 홍보하기 보다는 '직접 시켜서 만들어 본 초간단 레시피'로 제작했기 때문에 사람들에게 콘텐츠로서 받아들여질 가능성이 높은 것이다. 자연스럽게 레시피를 보다가, 서비스를 인식하게 되는 것이 중요한 것이다.

〈CU튜브〉의 숏폼 웹드라마 '편의점 고인물'의 경우도 성공적인 브랜디드 콘텐츠 사례로 평가받는다. 편당 1분 미만의 숏폼 형태로 편의점에서 일어나는 다양한 상황들을 재치 있게 풀어내며 총 1억뷰를 돌파했다. 최근 MZ세대들의 사랑을 받고 있는 공감대 높은 웹드라마 형식을 차용했고, 웹드라마에서 인기가 높은 배우, 개그맨 등을 출연시키며 사랑받는 콘텐츠를 완성했다. 특히 지루한 롱폼 형식이 아닌, 숏폼 형식으로 풀어내 임팩트 있는 콘텐츠를 제작할 수 있었다. 최근 숏폼 콘텐츠의 인기 트렌드를 빠르게 받아들인 결과이다. 해당 영상의 강점 역시 콘텐츠 그 자체로서의 강점이 있다는 점이다. CU의 브랜딩을 무리하게 진행하는 것이 아닌, 재미있는 콘텐츠 곳곳에 브랜딩적 요소를 자연스럽게 노출하는 방식을 선택했다. 특히 다양한 웹드라마를 성공적으로 제작한 경험이 있는〈플레이리스트(PLAYLIST)〉채널과의 협업을 통해 콘텐츠적인 매력을 배가시켰다.

이 밖에도 새로운 상품/서비스가 출시되면 다양한 숏폼 크리에이터와의 협업을 통한 마케팅을 전개하는 경우도 많다. 1분 미만의 포맷에 최적화된 브랜디드 콘텐츠를 통해 상품/서비스의 브랜딩 및 구체적인 강점 등을 홍보하는 식이다. 〈세얼간이〉의 경우, '참붕어빵' 광고 영상을 제작해 670만 조회수를 기록하며 화제성 높은 콘텐츠를 제작했다. 배우 이시영이 운영하는 틱톡 채널 〈이시영〉의 경우, 특유의 연기력과 기획력을 바탕으로 '콜라겐 앰플' 등 다양한 상품의 광고 콘텐츠를 제작하고 있다. 기업은 이들 크리에이터와의 협업을 통해 '높은 효율성'의 광고 영상을 제작하고 있다. 물론 모든 영상이 많은 사랑을 받고, 효율적인 마케팅 효과를 보는 것은 아니지만 이미 대세가 된 숏폼 콘텐츠를 활용하는 기업은 지속적으로 늘어날 것이다.

틱톡 크리에이터의 경우 해외 기업과의 콜라보가 많은 특성이 있다. 다양한 국적의 팔로워를 갖고 있기 때문에 해외 본사에서 직접 연락을 해 협업을 제안하는 경우가 많다. 영화 '더 배트맨'의 경우, 아예 글로벌 콘텐츠를 제작하기 위해 국내 틱톡커들에게 협업을 제안하기도 했다. 그 결과, 국적을 뛰어넘은 다양한 콘텐츠가 제작되었다. 이처럼 앞으로 숏폼 크리에이터들에게는 전 세계 기업과의 협업 기회들이 늘어날 것이다. 우선 숏폼 콘텐츠의 경우, 언어적 요소가 부각되지 않는 콘텐츠가 많기 때문에 국적을 뛰어넘는 경우가 많다. 특히 한국의 틱톡커들은 유행에 민감하고, 글로벌적인 관심의 중심에 있기 때문에 이러한 협업에 유리한 측면이 많다.

상품/서비스의 홍보뿐 아닌 기업의 공익 캠페인에 숏폼 콘텐츠가 활용되기도 한다. CU가 진행한 '다시 읽는 독립선언서'의 경우, 숏폼 콘텐츠의 특성과 잘 결합된 사례이다. 독립선언서 일부를 필터로 제작해, 해당 필터를 기반으로 개인 계정에 업로드가 가능하도록 했다. 참여자가 310명이 넘으면 독립유공자 후손의 주거환경 개선 사업에 천만 원 기부를 하도록 하면서, 참여의 의미를 부각시키기도 했다. 이처럼 숏폼 플랫폼의 기능에 캠페인의 메시지적 특징을 잘 결합하는 경우, 효과적인 마케팅 진행이 가능하다. 숏폼 콘텐츠는 기업의 다양한 메시지를 전달하는 효과적인 Tool로서 자리잡고 있다.[9]

기업의 광고가 계속해서 짧아지고 있는 이유

　기업의 광고는 지속적으로 짧아지는 특징을 보이고 있다. '메조미디어'의 '2020 숏폼 콘텐츠 트렌드'에 따르면 2016년 이후 기업의 광고 영상은 지속적[10]으로 짧아지고 있으며, 2분 이하의 영상이 전체의 73%를 기록하고 있다고 밝혔다. 이러한 현상은 MZ세대들의 콘텐츠 소비 방법 변화와 연관이 있다. 같은 시간에 효율적으로 많은 정보를 접할 수 있는 숏폼 콘텐츠가 대세가 된 이유는 오랜 시간 집중하기보다는 효율성을 추구하는 MZ세대의 특성과 맞닿아 있다. 이러한 콘텐츠 소비 방식의 변화를 가장 빠르게 적용한 분야가 기업의 마케팅인 것이다. 기업들은 효과적으로 기업의 메시지를 전달하기 위해 전달 방법 자체를 바꿔 나가고 있다. 때문에 긴 영상을 한편 만들기 보다는, 짧은 영상을 시리즈로 만드는 방식을 선택하고 있다. 그리고 짧은 시간 안에 임팩트를 주기 위한 광고 기법이 연구되고 있는 것이다. 앞서 설명한 숏폼 플랫폼과 다양한 챌린지 운영, 숏폼 크리에이터와 협업을 통한 브랜디드 콘텐츠 제작 등 마케팅의 시도는 자연스러운 흐름이 반영된 결과이다. 앞으로 기업의 메시지는 좀 더 짧아질 것이다. 그리고 짧아지는 만큼 임팩트를 주기 위한 다양한 시도들이 계속될 것이다.

기업들이 숏폼 콘텐츠를 마케팅에 활용하는 이유

　기업들은 왜 숏폼 콘텐츠를 마케팅의 중요한 수단으로 활용하고 있을까? 첫째, MZ세대를 타겟으로 한 효과적인 마케팅 툴이기 때문이다. 앞서 설명한대로 MZ세대의 특성에 맞게 짧고 임팩트 있는 숏폼 콘텐츠가 적합하기 때문이다. 그들이 좋아하는 포맷에 맞는 메시기 전달만이 기업 입장에서는 효과적인 마케팅을 진행할 수 있는 것이다. 둘째, 일방향적인 메시지 전달이 아니라 쌍방향적인 메시지 전달이 가능하기 때문이다. 기존의 광고는 기업의 메시지를 소비자에게 일방향적으로 전달하는 경우들이 많았다. 그러나 숏폼 콘텐츠의 경우 챌린지 등을 통해 기업의 메시지를 함께 소통하고 즐길 수 있는 다양한 방법을 제공하고 있다. 기업이 제공한 챌린지에 리믹스 기능으로 자신만의 개성을 부여하기도 하고, 기업의 광고를 패러디하기도 한다. 이렇게 즐겁게 놀이로서 마케팅을 진행하면서 소통은 늘어나고 기업의 메시지는 더욱 효과적으로 전달될 확률이 높다. 셋째, 빠른 확산이 가능하기 때문이다. 숏폼 플랫폼이 음악 시장에서 빠르고 효과적인 홍보가 가능했던 것처럼, 기업의 마케팅에도 같은 효과를 불러일으킬 수 있다. '바밤바 3행시'의 경우, 짧은 시간 안에 즐거운 놀이처럼 퍼지면서, 상품의 브랜딩을 효과적으로 진행한 경우다. 이처럼 소비자들이 적극적으로 반영할 수 있는 챌린지를 잘 기획한다면, 빠르게 메시지를 확산할 수 있다. 넷째, 소비자 입장에서 친근한 이미지의 크리에이터와 협업이 가능하다는 점이다. 기업이 크리에이터와 협업을 확대하는 이유는 효과성 때문이다. 시청자들이 좋아하는 숏폼 크리에이터의 경우, 단순 광고 모델보다 더 많은 신뢰감과 친근감을 주는 경우가 많다. 동시에 다양한 크리에이터와 협업을 하면서, 크리에이터의 팬들을 기업의 우군으로 자연스럽게 끌어들이는 효과가 가능하다.

'타이밍'에 맞는 마케팅 활동이 필요한 이유

틱톡 등 숏폼 콘텐츠를 통한 마케팅은 '타이밍'이 중요하다. 말 그대로 빠르게 달라지는 숏폼의 트렌드의 타이밍에 맞게 마케팅을 실행하는 것이 핵심 성공 비결이기 때문이다. 기존에 기업의 캠페인은 최소 몇 개월의 준비기간을 거치는 것이 필요했다. 캠페인의 메시지와 영상, 이벤트 등을 아우를 수 있는 일관된 메시지, 화제성 높은 영상과 이벤트를 위해서는 많은 고민과 준비가 필요하기 때문이다. 그러나 이러한 공식은 숏폼 플랫폼에서는 통하지 않는다. 특히 틱톡 플랫폼 내에서의 트렌드는 짧게는 1주일, 길어도 한달을 지속하지 못하는 특성이 있다. 때문에 이제 막 떠오르고 있는 트렌드를 기반으로, 그 흐름에 빠르게 올라타기 위해서는 정확한 타이밍에 맞춰 마케팅을 실행해야 한다. 만약 기존에 하던 방식으로 2~3달 기획 기간을 거치는 경우 틱톡에서 성공할 가능성이 낮아질 수밖에 없다. 오히려 마케팅 캠페인이 확산 시점에 정점을 찍을 수 있는 트렌드를 적극적으로 반영해서 기민하게 마케팅을 펼쳐야 하는 이유다. '바밤바 챌린지'는 이미 기업이 마케팅 활동을 하기 전부터 천천히 붐이 일어나기 시작한 트렌드였다. 누군가 업로드한 바밤바 자작곡을 기반으로 다른 사람들의 악기 등이 더해지고 있었던 것이다. 이러한 타이밍이 빠르게 챌린지 등을 기획하고 실행해야 한다고 많은 전문가들은 이야기한다.[11]

틱톡 등 숏폼 플랫폼을 통한 마케팅은 기본적으로 플랫폼의 특성에 대한 이해를 기반으로 진행되어야 한다. 플랫폼의 유행 주기, 떠오르고 있는 트렌드, 타이밍에 맞는 빠른 기획과 실행이 마케터에게 요구되는 이유이다.

03

(패션) 소비자를 시장의 주인공으로!
패션과 만난 숏폼

'서울패션위크'가 틱톡을 만났을 때[12]

코로나19로 인해 '비대면 소통'이 중요해지면서, '패션' 분야에 있어 숏폼 플랫폼의 영향력을 비약적으로 확대되었다. 특히 '2020 S/S 서울패션위크'는 숏폼 플랫폼과 패션이 만나 시너지를 낸 대표적인 사례이다. 패션 트렌드는 MZ세대가 관심을 갖고 있는 대표적인 분야이다. 그리고 패션 아이템은 비주얼적인 특성이 강하고, 누군가에게 나를 드러내는 수단이라는 측면에서 영상 플랫폼들과 궁합이 좋을 수밖에 없다. 원래 '라이브 패션쇼' 등 오프라인 중심의 성격이 강했던 '서울패션위크'는 '비대면 소통'을 통해 새로운 가능성들을 발견할 수 있었다. 특히 '틱톡'과의 협업을 통해 다양한 시도, 새로운 시너지 등을 낳을 수 있었다.

전면 비대면이라는 아쉬운 상황에서 '틱톡'은 그 빈자리를 메꾸기 위한 다양한 시도를 진행했다. 먼저 라이브 방송을 통해 누적 시청자 10만명을 달성하는 성과를 냈다. 4개의 브랜드와 4인의 틱톡 크리에이터가 함께하는 이 라이브 방송은 패션 배틀, 실시간 시청자 투표 등 온라인의 강점을 콘텐츠로 녹여냈다. 특히 디자이너가 고객과 직접적인 소통을 하는 기회가 평소에 부족했었지만, 이 부분을 채워주면서 많은 호평을 낳았다.

해당 라이브가 10만명 이상의 누적 시청자를 기록한 것은 단순히 '서울패션위크' 오프라인 행사에 대한 아쉬움 때문만은 아니었다. 아쉬움이 있었던 만큼 라이브를 통해 또 다른 기회를 얻을 수 있다는 장점도 큰 역할을 했다. 평소 내가 좋아하는 브랜드의 디자이너 등과 소통할 기회가 적었지만, 내 손안의 스마트폰으로 마주보며 소통하는 느낌을 만끽할 수 있었다. 이러한 모습은 오히려 오프라인 행사에서는 느낄 수 없는 숏폼 플랫폼만의 강점들이다. 영상 플랫폼으로서 숏폼 플랫폼이 갖고 있는 장점에 집중했기 때문에 단순히 아쉬움만을 달래는 자리가 아니라 또 다른 가능성을 창출했다고 볼 수 있다.

'서울패션위크' 뿐 아니라, 생로랑, 루이비통 등 다양한 글로벌 브랜드들의 경우 라이브를 통해 뷰티팁을 전하는 소통 방송을 통해 많은 사랑을 받기도 했다. 틱톡의 '상호 소통'하는 장점은 패션이라는 아이템을 만나 더욱 큰 시너지를 낳게 된 것이다.

내가 만든 영상이 '명품 마케팅'을 이끈다?[13]

틱톡은 단순 라이브뿐 아니라 패션 트렌드를 확산하는 장이 되기도 한다. '#방구석패션쇼'의 경우, 코로나19로 인한 비대면의 사회 분위기 속에서 집에서 즐기는 패션 챌린지로 인기를 끌었다. 다양한 직구 아이템으로 집안에서의 패션쇼를 하기도 하고, '꾸안꾸'라는 패션 트렌드를 자신만의 해석으로 보여주기도 한다. '#Y2Kfashion'은 밀레니엄 패션 트렌드를 직접 올리면서 트렌드를 확산하는 계기가 되었다. 이러한 주요 패션 관련 해시태그를 통한 참여는 패션 트렌드를 이끄는 또 다른 방식이 되고 있다. 단순히 전문가들의 패션 트렌드를 지켜보는 것에서 벗어나, 나만의 패션을 적극적으로 표출하고 공유하고 있는 것이다. 이처럼 숏폼 플랫폼은 누구나 바로 찍어서 올릴 수 있기 때문에 나의 취향을 적극적으로 공유할 수 있는 장이 될 수 있다. 그리고 그러한 모습들이 모였을 때, 특정 해시태그가 새로운 트렌드를 만들면서 확산해 나가는 것이다. 전문가만의 세계로 여겨졌던 패션 분야의 트렌드를 일반인들이 참여하고 있는 새로운 현상이 펼쳐지고 있다고 생각한다. 필자도 '후드티' 관련 해시태그 인기에 영향을 받아, 다양한 후드티를 구매했던 경험이 있다. 이처럼 방송과 유명 패션 유튜버뿐 아니라, 일반인들도 힘을 모아 트렌드를 이끌어가고 누군가에게 직접적인 영향을 미칠 수 있는 세상이 된 것이다.

그 외에도 구찌 패션을 패러디한 '#GucciModelChallange'의 경우 인기에 힘입어, 구찌의 브랜드 공식 챌린지가 되기도 했다. 다양한 사람들이 즐기면서 올린 영상들이 이제는 실제 명품 브랜드의 마케팅에도 큰 영향을 미칠 수 있는 세상이 되었다. 과거 명품 브랜드의 마케팅은 범접할 수 없는 분야로 여겨졌다. 세계적인 디자이너와 모델, 그에 따른 마케팅 캠페인을 그저 일방향적으로 수용하기만 했었다. 하지만 이젠 나만의 해석들을 녹이며 명품을 소비할 수 있게 되었고, 이러한 작은 물줄기 들이 모여 '#GucciModelChallange'라는 큰 파도를 만들어 내게 되었다. '다이소 제품으로 구찌 화보 찍기' 영상의 경우, 실제 다이소 매장에서 다양한 아이템을 구매해 스스로 악세서리 등을 제작해 착용한 모습까지 보여주는 영상이다. '진짜 구찌같다' 등 호평이 이어졌다. '구찌 모델처럼 보이는 법' 영상은 다양한 옷들을 레이어드 매치해 '진짜 구찌 모델 같은' 모습을 보여주고 있다. 이러한 영상들은 브랜드에 자신만의 해석을 덧붙이며 재미있게 노는 MZ세대들의 특성과 맞닿아 있다.

흔히 숏폼 플랫폼을 '놀이터' 같다고 표현하는 사람들이 많다. 영상을 통해 재미있고 자유롭게 놀 수 있는 장이라는 의미에서 놀이터로 여겨진다. 그리고 이들의 놀이는 단순한 끝나지 않고, 실제 마케팅, 트렌드에 지대한 영향을 미치며 해당 시장의 트렌드를 이끌어가는 새로운 현상을 낳고 있는 것이다.

(예술) 어려운 예술 분야도 숏폼을 만나면 다르다

현대 무용과 틱톡커가 함께 춤을 추는 채널이 있다?[14]

건물 옥상에서 한 명의 남자 댄서와 다른 한 명의 여자 틱톡커가 함께 춤을 추고 있다. 화면에는 '현대 무용수 VS 틱톡커 누가 더 잘했나요? 여러분의 선택은? 댓글로'라는 글이 써져 있다.

해당 영상은 어느 채널의 영상일까? 상의를 탈의하고 모자만 쓴 힙한 모습의 댄서, 댄스 틱톡커의 출연, 레트로한 감성이 느껴지는 옥상의 모습. 이러한 모습을 보면, 힙한 댄스 틱톡커의 채널 같지만, 이 채널의 주인은 〈국립현대무용단〉이다. 이러한 모습은 국립현대무용단이 일반 관객들에게 더욱 친근하게 다가가기 위한 노력 중 하나이다.

예술 분야는 일반인 입장에서는 막연히 '어렵다', '난해하다'라는 생각을 갖게 되는 분야이다. 왠지 따로 공부를 하지 않으면 이해할 수 없을 것 같기 때문에 거리감을 느끼고 있는 것이 사실이다. 여기에 더해 코로나19까지 더해지면서, 예술 관련 공연은 관객들을 만나기가 더욱 어려워졌다. 이렇게 예술 공연과 관객의 거리가 점점 멀어지는 상황에서, 숏폼 콘텐츠는 그 간극을 메우는 좋은 접착제 역할을 하게 되었다. 틱톡 채널에서 무용수들의 댄스를 MZ세대들이 좋아할 만한 트렌드에 녹인 것은 결과적으로 적절한 시도가 되었다.

틱톡 채널의 경우, MZ세대에서 사랑받는 몇 가지 요소들이 있다. 첫째, 음원이다. 틱톡 플랫폼 내에서 시기에 따라 유행하는 다양한 음원들이 존재한다. 최근에는 국적, 장르를 불문하고 틱톡 영상에 어울리는 다양한 음원들이 인기를 얻고 있다. 〈국립현대무용단〉의 경우, '제로투 댄스' 등 다양한 춤과 어우러지는 가장 핫한 음원들을 활용했다. 둘째, 유행하는 댄스 등 포맷을 따라하는 것이다. '웃음 참기 챌린지', '제로투 댄스' 등 시기에 따라 가장 유행하는 포맷을 적극 활용했다. 셋째, 댓글을 통한 적극적인 소통이다. 댄스 대결에 대한 의견을 댓글로 구하는 등 적극적인 소통을 진행했다. 쌍방향 커뮤니케이션이 중요한 숏폼 플랫폼에서 이러한 활동들은 더욱 사랑받는 채널로 성장할 수 있게 만들었다. 결국, 틱톡 내에서 유행하는 음원, 포맷이 현대무용이라는 분야를 만나 시너지를 발생시켰고 여기에 더한 적극적인 소통이 좋은 결과를 만들 수 있었다. 이러한 요소들은 예술뿐 아니라 다양한 분야의 단체, 사람들이 숏폼 플랫폼 채널을 개설할 때 명심해야 하는 주요 요소들이다.

내 방에서 누구보다 쉽게 세계적인 미술관을 투어하는 법

예술 분야와 숏폼의 만남은 현대 무용뿐이 아니다. 미술관, 박물관을 틱톡을 통해 라이브로 여행하는 콘텐츠가 제작되기도 했다. '틱톡 뮤지엄 나이트'의 경우 세계 유명 미술관, 박물관의 도슨트 투어를 라이브로 볼 수 있는 콘텐츠였다. 일본 모리 미술관, 멕시코 현대 미술관 등 코로나19로 더욱 가기 어려워진 해외 규명 미술관 등을 볼 수 있다는 장점이 있었다.[15]

사실 유명 미술관은 평소에 자주 갈 수 있는 장소가 아니다. 특히나 각 도시별로 유명한 미술관을 모두 경험하는 것은 코로나19가 아니라 하더라도 쉽지 않은 것이다. 또한 미술에 대한 기초 지식이 없는 경우 온전히 그림 등을 이해하는 것에도 한계가 존재한다. 때문에 현대 무용과 마찬가지로 일반인에게는 여전히 거리감이 느껴지는 것 또한 사실이다.

하지만 내 손안의 스마트폰만으로 편리하게 세계의 미술관의 예술품들을 감상할 수 있다는 점, 여기에 더해 도슨트의 해설로 쉽게 이해할 수 있다는 점은 예술과 관객의 거리를 다시 한번 좁힐 수 있는 좋은 기회가 된다. 또한 숏폼 플랫폼의 영상이기 때문에, MZ세대에게 인숙한 포맷으로 만들어졌다는 점, 또한 1분 이내의 시간 안에 많은 정보를 습득할 수 있다는 점 등 해당 콘텐츠가 갖고 있는 장점과 가능성은 무궁무진하다.

예를 들어 암스테르담 렘브란트 하우스 영상의 경우, 숏폼 포맷에 맞춰 빠른 편집감으로 제작되었다. 렘브란트의 그림에 대해 설명하고, 그림의 안료에 대해 퀴즈를 통해 소통하는 등 누구나 쉽게 즐길 수 있도록 제작되었다.

해당 영상은 추후 숏폼 플랫폼이 예술 분야에서 얼마나 적극적으로 활용될 수 있는지 가능성을 보였다는 점에서 의미가 크다. 해당 프로젝트의 경험과 성공은 추후 다양한 예술분야에도 적용이 가능할 것이다. 이렇게 예술에 대한 막연한 어려움을 숏폼을 통해 허물어가고, 특히 MZ세대에게 친근하게 다가갈 수 있다면 추후 얼마든지 예술, 지식 관련 분야까지 숏폼이 대세를 이룰 수 있게 될 것이다.

이제 틱톡에서 '뮤지컬'도 만들어진다?

숏폼은 예술과 관련된 다양한 분야에 영향을 미치고 있다. 그 중에서도 뮤지컬 분야에서 숏폼 플랫폼의 활약은 더욱 특별하다. 틱톡을 통해 다양한 사람들이 힘을 합쳐 새로운 콘텐츠를 창작하는 형태로까지 이르렀기 때문이다. 실제로 디즈니 팬이 올린 '라따뚜이' 관련 노래 영상 한 편이 틱톡 플랫폼 내에서 사람들의 협업을 통해 '온라인 뮤지컬'로 제작된 것이다. 한 평범한 교사가 라따뚜리의 주인공 레미를 주제로 만든 노래 영상 한 편이 시작이었다. 해당 영상을 시작으로 다양한 분야의 틱톡커들이 수천 개의 관련 영상을 업로드하게 되었다. 그 결과 한 뮤지컬 제작사가 틱톡커들의 도움을 받아 뮤지컬을 제작한 것이다.[16]

과거에 뮤지컬의 경우, 일반인들은 그저 관련 뉴스, 뮤지컬의 주요 장면, 리뷰 등을 일방향적으로 소비할 뿐이었다. 그러나 틱톡과 뮤지컬이 만나게 되면서, 단순히 쌍방향의 소통을 넘어 이제는 협업을 통한 새로운 형태의 콘텐츠를 제작하는 수준까지 나아가게 된 것이다. 만약 틱톡과 같은 숏폼 플랫폼이 없었다면, 평범한 누군가가 만든 노래가 세상에 알려지기 위해서는 또 다른 노력이 필요했을 것이다. 우선 만들어진 노래를 다양한 뮤지컬 제작사에 제안해야 했을 것이다. 하지만 대부분의 제작사에서는 평범한 사람이 만든 뮤지컬 노래가 뮤지컬에 실제로 쓰일 가능성은 낮았을 것이다.

어려운 확률을 뚫고 혹시라도 해당 노래가 좋은 평가를 받았다 하더라도 세상에 홍보할 방법도 막막했을 것이다. 다양한 사람들의 도움을 받는 것에도 한계가 분명했을 수밖에 없다. 하지만 틱톡은 이 모든 과정을 해결해 주었다. 평범한 노래가 세상에 알려지는 기회를 만들어 줬으며, 수많은 틱톡 크리에이터들이 자연스럽게 협업할 수 있는 장을 만들어 주었다. 이렇게 규모감 있는 프로젝트가 된 덕분에 뮤지컬 제작사는 흔쾌히 제작에 참여할 수 있었던 것이다. 특별히 큰 비용을 들이지 않고도, 세상 사람을 연결하는 힘이 숏폼 플랫폼에는 있다. 과거라면 일어나지 않았을 일들이 빠른 시간 안에 전세계 사람들을 대상으로 일어나는 곳이 바로 숏폼 플랫폼이다.

앞으로도 뮤지컬 분야는 숏폼 플랫폼과 지속적인 협업을 이루어 갈 것이다. 단순히 뮤지컬 공연을 소개하는 것에서 벗어나, 누구나 뮤지컬을 만들 수 있는 세상이 멀지 않았을지도 모를 일이다. 다양한 사람들과 소통하고 협업할 수 있는 장은 이미 열려있다. 이제 그 안의 많은 사람들이 자유롭게 협업하며 기존에는 없었던 새로운 콘텐츠들이 제작될 가능성이 높다. 앞으로 숏폼 플랫폼 안에서 다양하고 참신한 협업이 이어지길 기대해본다.

(K-콘텐츠) K-콘텐츠가
숏폼을 만나면 혁신이 된다

글로벌 영화제가 틱톡을 만나면 혁신이 된다

국제 영화제 중에서도 보수적이라는 평가를 받았던 '칸 영화제'가 틱톡과 손을 잡았을 때 전세계는 놀라움의 시선을 보냈다. 평소 혁신보다는 전통을 중요시해왔던 '칸 영화제'의 특성상, 새로운 도전은 많은 이들을 놀라게 하기에 충분했다. 틱톡은 '칸 영화제'의 공식 파트너로서 '틱톡단편영화제' 신설, 영화제 기간 동안 다양한 행사 영상 공개 등 다양한 협업을 진행했다. 여기서 가장 눈여겨봐야 하는 것이 바로 '틱톡단편영화제'의 신설이다. 이는 영화계에 있어 역사의 한 획을 긋는 사건이 아닐 수 없다. 30초~3분 이내의 영상을 공모해 작품상 등 다양한 상을 시상한 것이다.[17] 기존에 영화는 길이 등의 형식에서 명확한 포맷이 정해져 있었다. 특히나 유구한 전통을 자랑하는 영화제의 경우 새로운 도전보다는 기존 영화가 갖는 예술성 등 가치에 집중했다. 그랬던 '칸 영화제'에서 30초~3분 정도의 숏폼 영상을 따로 시상하면서, 숏폼의 대세성을 인정하게 된 것이다.

국내 영화제의 경우도 틱톡과 다양한 협업을 이어가고 있다. 2021년 부천국제판타스틱영화제(BIFAN)에서는 '세로시네마 특별상영:25'가 공개되었다. 이는 틱톡과 BIFAN이 제작 지원한 단편 영화 프로젝트였다. 이 10편의 단편 영화들은 틱톡의 포맷에 맞게 3분 길이의 세로 영상으로 제작되었다.[18] 이에 앞서 틱톡에서는 #힘내라한국영화 캠페인이 진행되었다. 이때 챌린지를 통해 모은 5천만원을 BIFAN에 기부하면서 10편의 단편 영화 제작비로 쓰이게 된 것이다.

　국내외 대표 영화제인 '칸 영화제'와 '부천국제판타스틱영화제' 모두 숏폼을 영화의 중요한 트렌드로 인식하고 적극적인 협업을 진행했다. 숏폼 콘텐츠에 익숙해지는 MZ세대에 맞춰 영화의 포맷에도 영향을 미칠 수 있다는 점을 인정하고 적극적으로 받아들인 것이다. 여기서 주목할 점은 숏폼 플랫폼과의 협업이 단순한 형태에 머물지 않는다는 것이다. 관련된 캠페인을 통해 사람들의 관심을 환기하고, 이를 챌린지 형태로 발전시켜 영화 발전을 위한 기부금으로 연결짓는 것으로 진화, 발전시킬 수 있다. 특히 기존에는 한계가 있었던 단편 영화의 저변을 넓히는 일 등 홍보 측면의 활동도 '숏폼 플랫폼'을 통해 효과적으로 진행할 수 있는 것이다. 앞으로는 또 다른 형태의 챌린지 등 영화에 관심 있는 사람들을 참여시키는 다양한 형태로 나아갈 수 있다. 중계에 있어서도 새로운 진화의 모습을 볼 수 있다. 흔히 뉴스를 통해서 편집된 형태로만 볼 수 있었던 레드카펫 등의 행사도 틱톡을 통해 실시간으로 볼 수 있게 되었다. 중계의 측면에서 틱톡 등 숏폼 플랫폼을 통해 다양한 프로그램을 진행하고 발전시킬 수 있을 것이다. 영화 팬들과 스타의 실시간 소통, 실시간 소통의 내용을 반영한 인터뷰 등 숏폼과 함께 발전할 영화제의 미래가 벌써부터 기대된다.

OTT 서비스들이 숏폼 콘텐츠에 주목하는 이유

숏폼 콘텐츠는 그 대세감을 OTT로까지 확장하고 있다. '라인'의 세계관을 기반으로 제작된 넷플릭스 애니메이션 '브라운앤프렌즈'의 경우, 3~4분의 분량으로 제작되었다. 기존에 한편에 20분 정도 되었던 애니메이션 포맷을 특성에서 큰 변화가 일어난 것이다.[19] 어떤 시장보다 레드오션으로 불리고 있는 OTT의 경우 '차별화'가 큰 과제로 떠올랐다. 차별화를 위해 OTT들은 오리지널 콘텐츠를 제작하고, IP를 확보하고 있다. 여기에 더해 포맷적인 측면에서도 새로운 시도를 이어가고 있다. 그 중 가장 대표적인 모습이 숏폼 콘텐츠의 제작 확대이다. 최근에는 1시간 이상의 드라마의 속도에서 지루함을 느끼고, 유튜브의 요약 콘텐츠를 보는 사람들이 늘어나고 있다. 숏폼의 속도감에 익숙해진 사람들에게 요약 콘텐츠는 알맞은 속도감을 느끼게 해주는 것이다. 이러한 추세에 맞춰 OTT들은 숏폼 형태의 오리지널 콘텐츠 제작을 확대하면서 포맷적인 측면에서의 차별화에 힘을 들이고 있다. 그리고 이러한 모습은 점차 늘어날 수밖에 없을 것이다. 유튜브의 경우 미드폼, 롱폼 콘텐츠를 주로 제작하고 있는 유튜브 크리에이터들도 유튜브 쇼츠 형태로 재편집해서 업로드하는 경우가 많다. 숏폼 콘텐츠에 대한 사람들의 니즈가 늘어남에 따라 발맞춰 나가는 것이다. 이러한 모습은 OTT에서도 늘어날 수 있다. 1시간 이상의 영화, 드라마의 주요 장면을 숏폼으로 추가 제공하는 것이다. 촬영 현장의 독점 영상을 숏폼 형태로 제공한다면 영화, 드라마 그 자체의 홍보 효과와 숏폼 콘텐츠 자체의 인기라는 두 마리 토끼를 잡을 수도 있을 것이다.

OTT 서비스가 신인 감독 발굴을 위한 프로젝트를 진행하는 경우도 늘어나고 있다. 왓챠의 경우, 숭실대와 협업해 신인감독 파일러 프로젝트를 진행했다. 영화감독과 왓챠 PD들이 대학생들에게 수업을 진행하고, 그 결과로 제작된 숏폼 형태의 영화를 왓챠 플랫폼에 업로드하는 형식이다. OTT 입장에서는 다양한 숏폼 콘텐츠를 확보할 수 있고, 대학은 학생들이 영화감독으로 발전해 나가는 과정을 지원할 수 있는 원윈 프로젝트인 것이다.

앞으로 OTT 서비스들은 숏폼 콘텐츠를 확보하기 위한 본격적인 경쟁에 돌입하게 될 것이다. 이를 위해 다양한 글로벌 영화제, 영화 관련 학과 등 지원을 통해 신인들을 발굴하는 프로젝트들이 늘어날 가능성이 있다. 또한 인기 있는 오리지널 IP를 확보를 위한 경쟁도 확대될 것이다. 특히 숏폼으로 제작이 가능한 어린이 애니메이션 등의 분야는 더욱더 치열한 경쟁이 예상된다. OTT의 핵심은 매력 있는 콘텐츠를 제공하는 것이다. 때문에 사람들이 매력을 느끼는 숏폼에 관심을 갖는 것은 당연한 수순이라고 볼 수 있다. 시청자의 입장에서는 이러한 경쟁이 반가울 수밖에 없다. 좀 더 다양한 IP, 포맷의 매력적인 콘텐츠를 제공받을 수 있기 때문이다.

K-드라마와 숏폼이 만났을 때

오리지널 숏폼 드라마 '러브이터'는 틱톡을 통해 독점 방영하면서 큰 주목을 받게 되었다. 그 밖에도 유튜브를 통해 공개된 '알바의 신'의 경우, OTT 확장판까지 준비하고 있다. 드라마 시장에서도 숏폼 콘텐츠의 제작이 확대되고 있는 모습이다. 드라마의 주요 장면을 60초 미만의 숏폼 형태로 단순 편집하는 수준을 벗어나, 아예 숏폼 포맷으로 기획된 오리지널 콘텐츠의 제작이 늘어나고 있는 것이다.

여기서 주목할 점은 두 가지이다. 첫째, 틱톡 등 숏폼 플랫폼에서 오리지 널 숏폼 드라마 등을 독점 공개하는 모습이다. 틱톡은 종합 엔터테인먼트 콘텐츠를 제공하는 플랫폼으로의 성장을 목표로 하고 있다. '틱톡 K 시리 즈'를 통해 예능, 웹드라마 등을 제공하고 있다. 틱톡 플랫폼 내에서 다양 한 K 콘텐츠를 제공하면서, 틱톡 플랫폼의 콘텐츠 다양성도 확대해 나가려 는 전략을 갖고 있다.[21] 이러한 전략 속에서 오리지널 숏폼 드라마의 공급 을 확대하려 하고 있는 것이다. 숏폼 플랫폼들의 오리지널 콘텐츠 제공을 위한 전쟁이 확대될 수 있음을 엿볼 수 있는 부분이다. 둘째, 숏폼의 트렌 드가 드라마 분야에도 확대되고 있는 모습이다. 〈CU튜브〉의 '편의점 고인 물' 등 1~3분 이내의 숏폼 드라마가 지속 제작되고 있다. 다양한 콘텐츠를 짧게 즐기려는 트렌드가 드라마 분야에까지 영향을 미치고 있는 모습이다. 앞으로 오리지널 숏폼 드라마는 광고 등 다양한 분야에서의 활약이 예상된 다. 또한 숏폼 형태로 공개 후, 성공 가능성을 타진한 다음, 이후 해당 IP를 기반으로 다양한 형태의 드라마로 제작해 OTT로 확대해 나가는 모델의 성 장도 예상해 볼 수 있다.

틱톡을 통해 드라마 제작을 위한 글로벌 오디션이 진행되기도 한다. 인 도네시아 인기 웹툰 '피고르와 스파클링스'의 글로벌 오디션이 2023년 6~9월 진행 예정이다. 이러한 모델은 드라마의 사전 홍보, 그리고 효율적 인 오디션 진행이라는 두 마리 토끼를 잡을 수 있는 매우 효율적인 방안이 라고 볼 수 있다.[22] 우선, 오디션 챌린지 영상을 틱톡에 업로드하게 되면서, 해당 드라마에 대한 자연스러운 사전 홍보가 가능한 것이다. 이미 유명 웹 툰의 해당 작품이 드라마화가 된다는 것을 글로벌 팬들에게 안내하는 것이 다. 드라마가 모두 제작된 시점에만 홍보, 마케팅을 진행하는 것이 아니라 제작 전부터 화제성을 가져갈 수 있다는 장점이 있다. 또 본인의 스마트폰으로 간단히 참여할 수 있는 틱톡 플랫폼을 통해 전 세계의 인재들의 재능을 효율적으로 평가할 수 있다는 장점도 있다.

틱톡 등 숏폼 플랫폼들은 드라마와 관련된 전 과정에 직접적인 참여를 할 수 있을 것이다. 드라마의 사전 홍보, 오디션 배우 선정, 드라마 공개 직전 챌린지 등을 통한 추가 홍보, 숏폼 형태의 드라마 플랫폼 내 공개 등 드라마와 관련된 전 과정을 숏폼 플랫폼 내에서 진행하는 것이다. 이러한 프로세스가 반복되면 종합 엔터테인먼트 플랫폼으로서의 성장은 가속화될 가능성이 높다. 플랫폼 내에 우수한 IP 제공, 그리고 드라마 팬들이 2차적으로 제작하는 콘텐츠 등을 통해 지속적으로 성장 동력을 얻게 되는 것이다.

K-콘텐츠의 핵심 중 하나인 드라마 분야는 다양한 OTT 뿐 아니라 틱톡 등 숏폼 플랫폼 등 다양한 플랫폼들이 격돌하고 있는 분야이다. 그리고 이 전쟁에서 승리하기 위한 한 방법으로 숏폼 포맷 드라마 그 자체, 혹은 홍보 수단으로서 적극 활용하고 있는 모습이다. 드라마 분야에서의 숏폼 콘텐츠의 활약이 주목되는 이유다.

TV 예능이 유튜브 쇼츠 콘텐츠로 재탄생한다?

CJ ENM은 유튜브 쇼츠의 성장에 발맞춰 '쇼츠 TF'(태스크포스)를 신설했다. 하나의 프로그램을 다양한 채널에서 활용하는 멀티 채널 전략을 위해서다.[23] 실제 2022년 〈tvN D ENT〉 채널에서 공개된 '유재석 수난시대ㅋㅋㅋㅋ' 영상은 2022년 최고 인기 쇼츠 3위를 차지했다. 해당 쇼츠 영상은 인기 예능 '식스센스'의 주요 장면을 편집해 제작한 쇼츠 영상이다. TV 프로그램 영상을 쇼츠 포맷에 맞춰 편집함으로써 추가적인 성과를 낼 수 있는 것이다. 이러한 원소스멀티유즈(One Source Multi Use)의 전략은 플랫폼이 다양한 시대, 특히 숏폼 콘텐츠가 사랑받는 시대에 최적화된 전략이라고 볼 수 있다. 방송국 입장에서는 한번의 촬영으로 다양한 플랫폼에서 활용이 가능하다는 장점이 있다. 또한 유튜브 쇼츠에 업로드할 영상 소스가 무궁무진한 방송국 입장에서는 편집을 통한 숏폼 콘텐츠 제작을 마다할 이유가 없다. 이러한 전략은 방송국, 스튜디오 등 다양한 콘텐츠 제작자에게 유의미하기 때문이다.

기존 방송의 예능 콘텐츠를 숏폼으로 제작하는 사례는 최근에 제작된 예능에만 국한된 이야기가 아니다. '웬만해선 그들을 막을 수 없다', '무한도전' 등 과거 인기 예능 콘텐츠도 얼마든지 숏폼으로 제작할 수 있다. 실제로 이들 과거 콘텐츠들은 MZ세대에게 맞는 숏폼 콘텐츠로 제작해 〈오분순삭〉 등 다양한 채널에 유튜브 쇼츠로 콘텐츠를 업로드하고 있다. 이러한 사례들은 과거에 제작된 예능이라도 얼마든지 포맷 변화를 통해 현재 MZ세대들에게도 사랑받을 수 있음을 보여준다.

예능 콘텐츠를 숏폼 형태로 재편집하는 사례는 웹예능에서도 많이 보이는 현상이다. 인기 웹예능 '전과자'의 경우도 본편의 영상을 편집한 다양한 유튜브 쇼츠 콘텐츠를 제공하고 있다. 미방분을 숏폼 형태로 제작하기도 하고, '산 속에 있는 부산대 찐맛집'처럼 원본 영상의 중요한 장면을 숏폼으로 재편집하기도 한다. 이러한 유튜브 쇼츠 영상들은 본편 못지 않은 조회수를 기록하고 있다.

예능의 경우, 숏폼 콘텐츠와 특히 궁합이 잘 맞는 콘텐츠라고 할 수 있다. 특별히 재밌는 일부 장면을 1분 이내로 편집해도 무리 없이 핵심 포인트를 담을 수 있는 포맷이기 때문이다. 방송국에서 제작하는 TV 프로그램, 유튜브의 웹예능 모두 앞으로 원소스멀티유즈 전략을 통한 숏폼 콘텐츠가 지속적으로 제작될 가능성이 높은 이유이다.

K-웹툰이 틱톡에서 마케팅을 진행하는 이유

전 세계적인 인기를 얻고 있는 K-웹툰은 틱톡을 통한 마케팅 활동을 통해 전세계 MZ세대를 대상으로 마케팅 활동을 진행하고 있다.

네이버 웹툰의 경우 틱톡 공식 채널을 운영하고 있다. 숏폼 포맷에 맞춰 빠른 기간 안에 1위를 달성한 작품 등 핫한 웹툰 작품들을 홍보하고 있다. 예를 들어 웹툰 속 다양한 캐릭터들이 '스쿼드' 등 특정한 행동을 반복해서 하는 시리즈 숏폼 영상을 제작해 화제성을 확보하는 식이다. MZ세대들을 타겟으로 한 틱톡에서의 활동을 통해 '네이버 웹툰'의 각 작품을 홍보할 뿐 아니라 웹툰 플랫폼의 브랜딩도 성공적으로 이어나가고 있는 것이다 .

K-웹툰 작품들이 틱톡과 협업하는 이유는 크게 2가지다. 첫째, 핵심 타겟인 MZ세대들에게 효과적인 마케팅 수단이기 때문이다. 둘째, 전 세계를 대상으로 한 마케팅에 최적화되었기 때문이다. 틱톡 플랫폼은 전 세계를 연결한다. 때문에 내가 올린 하나의 영상이 전 세계 사람들의 사랑을 받을 수 있는 곳이 바로 틱톡이다. 이러한 틱톡의 특성과 해외 진출을 원하는 K-웹툰과의 협업은 자연스럽게 늘어날 수밖에 없을 것이다.

06

(스포츠) 스포츠, 숏폼을 통해
신규 팬을 유입시키다

본격적인 '틱톡 올림픽' 시대를 알린 베이징 동계 올림픽

2022년 베이징 동계 올림픽은 '틱톡 올림픽'이라고 부를 수 있을 정도로 틱톡의 활약이 대단했다. 기존 방송사의 경기 중계보다 일반인들이 업로드 한 틱톡 영상들이 더 많은 화제를 불러 일으켰다. 특히 미국 워싱턴포스트 (WP)의 보도에 따르면, 올림픽 개막식 이후 약 8일간의 미국 내 틱톡 다운 로드 수는 170만건으로 인스타그램(110만건), 유튜브(100만건)을 넘어섰다 고 한다. 반대로 방송국의 시청률은 이전 대회보다 하락하고 있는 추세를 보였다.[24]

방송국의 올림픽 중계는 대부분 경기 그 자체, 개막식, 폐막식 등 공식 적인 행사를 중계하는데 촛점을 맞춘다. 그러나 사람들은 올림픽에서 일 어나는 다양한 뒷이야기들을 원했다. 이러한 니즈를 틱톡의 다양한 영상 들이 채워줄 수 있었던 것이다. 특히 실제 올림픽에 참가한 선수들이 올린 영상들이 인기였다. 식당 등 다양한 시설을 직접 적으로 보여주기도 하고, 팀 동료들과 틱톡의 트렌드에 맞춘 재미있는 영상을 업로드하기도 한다. 한 선수는 선수촌의 구석구석을 숏폼 형태로 제작했다. 'OlympicVillage : Food Edition' 영상의 경우, 선수촌에서 제공되는 다양한 음식들을 보여 줬다. 카페테리아로 들어가는 모습부터, 다양한 음료수, 아이스크림, KFC 등 음식점, 식당의 전경의 모습을 구석구석 보여준다. 쇼트트랙 곽윤기 선 수 틱톡 채널에서는 김아랑 선수가 손으로 곽윤기 선수를 올림픽의 다양한 장소로 옮기는 형태의 '작고 소듕한 포켓…올림픽' 영상이 업로드되었다. 해당 영상처럼 선수들이 직접 틱톡커로 변신해 아이디어 넘치는 틱톡스러 운 영상을 업로드하며 사랑받았다.

도쿄 올림픽 관련해서 큰 인기를 받았던 영상의 경우도 마찬가지로 선 수촌 선수들의 일상과 같은 경기 뒷이야기를 소재로 한 것들이다. 'Jessica Fox' 채널이 올린 해당 영상은, 선수촌 내에서 아침 런닝, 공놀이를 하며 몸을 푸는 모습 등을 편집해 업로드했다. 해당 영상은 60만개 이상의 좋아 요를 받으며 뜨거운 관심을 받았다.

TV를 통해서 접하는 올림픽의 모습은 올림픽의 일부분만을 보여주는 것 이기에 일반 시청자들의 니즈를 충분히 충족시키지 못했다. 이미 평창 올 림픽 때는 〈비디오머그〉 등 방송사들의 유튜브 영상들이 올림픽과 관련된 다양한 뒷 이야기, 주목받지 못한 선수들의 인터뷰 등을 보여주며 사랑받 았었다. 여자 컬링 대표팀 '팀킴'의 인기에 힘입어 이들을 밀착 취재하기도 하고, '울음바다 된 단일팀 헤어지는 날' 영상을 통해 감동을 선사하기도 했다. 이러한 경험들이 쌓이며 사람들은 올림픽이라는 국제 이벤트가 갖고 있는 일상적인 재미에 대해 학습하는 기회를 갖게 된 것이다. 그 이후의 도쿄 올림픽, 베이징 동계 올림픽의 경우, 틱톡 등 숏폼 플랫폼을 통해 올림픽 관련 콘텐츠의 새로운 혁신을 맞이하게 된 것이다. 선수, 일반인들이 끊임없이 제작하는 틱톡 영상들을 누구나 쉽게 소비하게 되면서, TV에서는 제공할 수 없는 콘텐츠의 내용, 절대적인 양을 통해 대세 콘텐츠로 우뚝 설수 있게 되었다.

특히 도쿄 하계 올림픽, 베이징 동계 올림픽에서 틱톡 콘텐츠의 활약이 더욱 의미 있는 것은 코로나19로 인한 무관중 경기 등 위기의 상황에서 진행되었던 올림픽이었기 때문이다. 텅빈 경기장의 모습 등 공식적인 경기만을 접했다면, 해당 올림픽들의 존재감은 한없이 작게 느껴졌을 것이다. 하지만 숏폼을 통한 팬과 선수들의 적극적인 소통, 동료들과 장난치는 인간적인 모습 등 틱톡이 제공하는 콘텐츠는 온라인 상에서만큼은 올림픽의 존재감을 확대하는데 큰 역할을 했다. 틱톡의 가장 큰 장점은 누구나 쉽게 올리고 또 소비할 수 있다는 점이다. 이러한 활발한 생산과 소비를 통해 숏폼 플랫폼들은 가장 강력한 콘텐츠 플랫폼으로 발전해 나가고 있는 것이다.

숏폼 플랫폼을 적극 활용하는 방송국의 월드컵 중계 콘텐츠

2022 FIFA 카타르 월드컵은 역대 가장 다양한 플랫폼이 총동원된 월드컵이었다. KBS의 중계를 예시로 들면 유튜브 틱톡, 공식 홈페이지, 애플리케이션 등 다양한 디지털 플랫폼들이 총동원되었다. 우선 유튜브의 경우 〈이스타TV〉, 〈구자철official〉, 〈이거해조원희형〉 등 해설진들의 유튜브 채널과 연계해 월드컵의 다양한 소식을 전달했다. 가장 눈에 띄는 새로운 점은 틱톡 미니시리즈 '해설한다구자철' 콘텐츠이다. 구자철 선수의 해설

위원 도전기를 숏폼 형태로 제작했다. 틱톡 코리아 채널에서는 구자철 선수의 페이크 다큐 '기호 7번 구자철'을 디지털 오리지널 콘텐츠로 제작해 공개했다.[25]

KBS가 다양한 디지털 플랫폼을 총동원해 월드컵 관련 콘텐츠를 제작한 이유는 시대의 흐름에 발맞춘 결정이다. 시청자의 시점에서 이제는 TV 외의 다양한 디지털 플랫폼을 소비하고 있고, 그 중에서도 유튜브와 틱톡은 가장 대표적인 동영상 플랫폼으로 자리 잡고 있다. 때문에 TV에서만 해당 콘텐츠를 공개하기 보다는 최대한 사람들이 모이는 플랫폼에 공개하는 것이 효과적일 수밖에 없다. 형식에 있어서도 마찬가지다. MZ세대들이 모여 있는 틱톡을 통해 오리지널 콘텐츠를 공개함으로써, 새로 합류한 해설위원의 캐릭터를 설정하고 해설자 데뷔 자체를 홍보하는 것이다. 또한 편집, 자막에 있어서도 최근의 트렌드를 적극 반영했다. 특히 '해설대권위원'이라는 컨셉으로 대권 후보가 선거 운동을 하는 방식으로 콘텐츠를 제작했다. 영상 자체도 숏폼 트렌드에 맞춰 진행한 것이다. 이는 해설위원으로 첫 데뷔를 하는 구자철 선수의 서사를 만들고 충분한 홍보를 가능하게 했다.

이처럼 방송국의 숏폼 플랫폼 활용은 이제 선택이 아닌 필수가 되었다. 전통의 미디어 매체가 TV 등 기존 플랫폼만 고집하는 것이 아닌, 홍보를 위해 다양한 플랫폼을 기꺼이 받아들이는 모양새다. 이미 대세가 되어버린 틱톡 등을 무시하는 것이 아닌, 함께 가는 것이 방송국의 월드컵 중계 흥행에도 도움이 되는 이유이다. 앞으로 전통 미디어와 숏폼 플랫폼의 협업은 지속적으로 늘어날 것이다. 이미 〈채널 십오야〉의 경우, TV 방송 후 유튜브를 통한 라이브 방송, 인터뷰 콘텐츠 제작 등 플랫폼을 넘나드는 전략을 구사하고 있다. 특히, 월드컵과 같은 중요한 행사의 경우, 숏폼 플랫폼의 활용도가 더욱 강화될 수밖에 없다. 벌써부터 다음 월드컵이 기다려지는 이유다.

신규 팬 유입을 원하는 스포츠 구단, 틱톡과 손을 잡다

축구 등 다양한 스포츠도 홍보를 위해 틱톡과의 협업에 적극적인 모습을 보이고 있다. 2023년 K리그는 신규 팬 유입을 위한 방안으로 틱톡과의 협업을 선택했다. '이달의 틱톡 모먼트' 등 상을 신설해 틱톡 내 K리그 관련 숏폼 콘텐츠 제작을 독려하는 것이 핵심이다.[26] 여기서 핵심은 신규 팬 유입을 위한 결정이라는 점이다. K리그는 Z세대 등 저변을 확대하기 위해 가장 중요한 것이 틱톡 등 숏폼 플랫폼 내에 관련 콘텐츠가 자발적으로 생성되는 것이라 여긴 듯하다. 이러한 전략은 Z세대에게 K리그를 홍보하기 위한 옳은 방향으로 여겨진다. 틱톡 내에서 관련 주제 영상이 '얼마나 활발히 제작되고 소비되는가'는 새로운 트렌드를 만드는데 절대적인 요소가 되고 있다. 실제 틱톡 내에는 Z세대들의 적극적인 참여가 늘어나고 있는 모습이 목격된다. 실제 경기장을 방문해 제작한 브이로그, 혹은 K리그 팀들의 유니폼을 입고 촬영한 다양한 영상들이 올라오고 있다. 틱톡 내에서 K리그 키워드가 확대된다면 해외 시장 진출에도 큰 도움이 될 수 있기 때문에 이러한 노력은 충분히 박수 받아 마땅하다.

K리그 구단 중 숏폼 콘텐츠 제작에 가장 적극적인 구단은 '전북 현대 모터스 FC'이다. 조규성 등 전북 현대 소속 선수들이 K-POP 아이돌과 댄스 챌린지를 진행하기도 하고, '맑은 눈의 광인' 캐릭터로 유명한 배우 김아영이 출연한 영상을 업로드하기도 했다. 이렇게 틱톡을 통한 다양한 노력은 결실을 맺어 현재 약 48만 팔로워를 기록하며 순항하고 있다. 이러한 노력은 선수, 구단, 더 나아가서는 K리그의 새로운 팬들을 유입하는데 큰 역할을 하고 있다.

해외에서는 유럽축구연맹 유로 2020 대회에 틱톡이 글로벌 스폰서로 선정되기도 했다. 축구 관련 AR 효과, 해시태그 챌린지, 라이브 등 다양한 방식으로 축구를 즐길 수 있도록 했다.[27] 대회 개막 4개월 전부터 활동을 시작했지만, 조회수는 700억회에서 1300억회로 급증했다는 것이 틱톡 측의 설명이다.[28]

틱톡의 진가는 10대~20대들이 해당 주제를 제대로 즐길 수 있는 장을 만들고, 이를 유행으로 만들어, 실제 팬으로까지 유입시킬수 있다는 점이다. 특히나 신규 팬 유입이 절실한 K리그, 유로 대회 등의 입장에서는 최고의 선택지가 아닐 수 없다. 전북 현대의 틱톡 채널 팔로워가 기하급수적으로 늘어난 것처럼, 유로 2020의 틱톡 영상 조회수가 2배 가까이 늘어났던 것처럼 눈에 보이는 드라마틱한 성과를 창출하는 것이 가능한 플랫폼인 것이다. 때문에 다양한 스포츠 클럽, 대회에서 틱톡을 마케팅의 최우선 툴(Tool)로 고려하고 활용하고 있는 것이다. 특히 K리그의 경우, 전북 현대의 성공 사례를 기반으로 다른 구단들의 참여가 이어질 것으로 예상된다. 새로운 팬들의 유입을 위한 최선의 방법임을 이미 증명해 냈기 때문이다. 그리고 10대~20대의 문법에 맞는 다양한 챌린지, 셀럽과의 협업, 팬들과의 소통을 확대하는 방식으로 확대될 것으로 보인다.

(여행) 여행과 찰떡 궁합인 숏폼 콘텐츠

여행 마케팅의 핵심엔 숏폼이 있다!

코로나19로 인한 해외여행 제한이 점차 풀어지면서, 여행 업계는 본격적인 마케팅을 운영하고 있다. 이때 핵심이 되는 분야는 바로 숏폼 플랫폼이다. 지난 2022년 '트립닷컴'은 틱톡과 함께 '떠나요 챌린지'를 진행했다. 여행 자극 영상 등을 올린 후 해시태그를 다는 형식이다.[29] 인천관광공사는 인스타그램 릴스에 주요 인천 여행지에 대한 숏폼 영상을 업로드했다. 여행지에서 숏폼 영상을 어떻게 촬영하고 편집하는지 등 소비자 입장에서 필요로 하는 정보들을 제공했다.

위의 사례들의 공통점은 여행 관련 마케팅의 핵심에도 역시 숏폼 콘텐츠가 자리잡고 있는 점이다. 특히 팬데믹 이후 본격적인 여행 분야의 확대를 위해 강력한 마케팅 도구가 필요했던 여행 업계에 있어 틱톡, 인스타그램 릴스 등 숏폼 플랫폼은 가장 매력적인 구원자가 아닐 수 없다.

숏폼이 여행 마케팅의 핵심으로 자리 잡은 이유는 여행 콘텐츠가 숏폼 영상과의 궁합이 가장 뛰어난 분야 중 하나이기 때문이다. 영상으로 표현되었을 때 가장 볼거리가 많은 것이 여행 콘텐츠이기 때문이다. 수많은 여행 크리에이터들이 다양한 플랫폼에서 활동하고 있다. 유튜브 쇼츠에서는 유명 유튜버들이 쇼츠 영상을 확대하고 있는 추세이다. 여행 채널 〈캐럿맨 여행기〉의 경우, '크로아티아 3천원 짜리 블루클럽(반전주의)', '피라미드, 유튜브로만 봐야 하는 이유' 등의 쇼츠 영상을 업로드하고 있다. 영상의 가장 인상적인 장면을 잘라서 업로드하는 형식이다. 인스타그램 릴스에는 여행지 마다 수많은 여행 관련 영상들이 업로드되고 있다. 특히 누구나 제작할 수 있는 쉬운 편집 툴이 제공되면서, 매력적인 영상들이 제작되고 있다. 틱톡의 경우도 브이로그 등 다양한 형태의 여행 콘텐츠가 제작되고 있다. 특히 여행 콘텐츠는 틱톡 내에서 운동 크리에이터 등 다른 분야의 크리에이터들도 일상 콘텐츠의 하나로 업로드되고 있는 추세이다. 숏폼 플랫폼 내에 일상적으로 수많은 여행 영상들이 제작되고 소비되고 있기 때문에, 여행 관련 챌린지, 유명 여행지 소개 등 관련 콘텐츠들의 확산 속도가 매우 빠를 수밖에 없다.

서울관광재단은 틱톡과 함께 '서울 나우 캠페인'을 진행한 적이 있다. 코로나19로 여행이 제한적이었던 2020년 해당 영상들은 1,700만뷰를 돌파하는 등 큰 인기를 얻은 바 있다. 성공 이유는 제한적인 한국 여행의 시대에 한국의 풍경을 영상으로 제작하는 것 자체가 큰 매력이 있었기 때문이다. 특히 롯데월드타워의 낮과 밤을 보여준 영상은 87만뷰가 넘기도 했다.[30] 해당 영상의 경우 편집적으로 엄청난 기술을 적용하거나, 매우 특별한 기획을 적용한 영상은 아니었다. 다만 서울의 아름다운 풍경 그 자체를 숏폼 영상으로 보여주는 것만으로도 전 세계의 사람들에게 매력적인 콘텐츠가 될 수 있었던 것이다. 이는 여행 분야에 있어 숏폼 영상이 얼마나 강력한 콘텐츠인지를 보여주는 대표적인 사례이다.

여행 분야는 숏폼 콘텐츠의 발전 가능성이 매우 높은 분야로 지속 성장해 나갈 것이다. 여행과 관련된 다양한 정보를 1분 이내에 정리해주는 정보성 영상, 도시별 야경의 아름다운 모습을 보여주는 영상, 크리에이터의 경험을 담은 브이로그형 영상 등이 특히 확대될 것으로 예상된다. 그 중에서도 여행 정보를 제공하는 숏폼 영상은 앞으로가 더 기대되는 분야이다. 해외 여행을 떠날 때, 나라별로 중요한 정보들을 가장 효과적으로 얻을 수 있는 방법이 될 수 있다. 특히 4050 세대의 경우 숏폼을 통해 다양한 정보를 제공받는 경우들이 많다. 정보 제공형 숏폼 영상에 익숙한 4050 세대들이 여행 관련 숏폼 영상에도 큰 관심을 갖게 될 확률이 높다.

08

(라이브) 숏폼 플랫폼과
'라이브' 콘텐츠의 엄청난 시너지

이제 '틱톡 라이브'가 콘서트를 대체한다?

팬데믹 기간 동안 틱톡은 온라인 라이브 콘서트장으로서의 역할을 충실히 수행해 냈다. 지난 2020년 싱어송라이터 '위켄드'의 라이브 공연이 대표적인 사례다. 실제 라이브 공연에 온 것 같은 느낌을 주기 위해 '가상 음악 체험형 공연'을 선보인 것이다. 틱톡의 '#TheWeekendEXP'를 통해 집안에서 XR(확장현실) 기술을 활용한 생동감 넘치는 공연을 즐길 수 있었다.[31]

K-POP의 공연도 틱톡 라이브를 통해 안방에서 관람할 수 있었다. '틱톡 스테이지 보이스온'이라는 언택트 라이브 콘서트를 개최해 동방신기 등 K-POP 아티스트가 참여한 공연을 진행한 것이다. 단순 라이브만 진행한 것이 아니라, 틱톡 앱 내의 다양한 기능들을 최대한 활용했다. 우선 듀엣 영상 기능을 통해 가수의 노래에 맞춰 따라 부르는 기회를 제공했고, #

틱톡스테이지보이스온 해시태그를 촬영해 업로드하면 콘서트 당일 재생되는 기능을 준비했다. 또한 챌린지 참여 영상당 3달러씩 기부하는 프로그램을 만들어 참여의 의미를 더욱 배가시켰다. 틱톡은 가수들의 공연 뿐 아니라 '틱톡 스테이지 위드 맨앤미션'이라는 배우들과의 글로벌 팬미팅도 진행했다.

틱톡은 팬데믹 기간 라이브 기능을 활용한 다양한 시도를 진행했다. 이러한 시도는 팬데믹이라는 특수성을 만나 더욱 빛을 발했다. 내가 보고 싶은 아티스트의 공연을 대신하는 하나의 방법을 제시했기 때문이다. 틱톡의 다양한 라이브 공연은 팬데믹 시대가 아니더라도 유효하다. 국경을 넘어 쉽게 접할 수 없는 라이브 콘서트를 접할 수 있기 때문이다. 해외 팬들 입장에서는 평소 직접 보기 힘든 K-POP 스타들을 볼 기회가 늘어난 것은 분명 매력적인 선택지가 될 것이다. 여기에 기술이 더욱 발전할수록 이러한 라이브 공연의 가치는 더욱 올라가게 될 것이다. XR(확장현실) 기술 등이 고도화될수록, 직접 체험하는 느낌을 더욱 배가시킬 수 있다. 때문에 팬데믹 이후의 시대에도 틱톡 등 숏폼 플랫폼에서 진행하는 라이브 공연은 지속적인 발전을 이룰 것으로 예상된다.

여기에 더해 틱톡의 다양한 기능들과 결합되어 시너지 효과를 얻을 수 있다는 장점이 있다. 단순히 일방적으로 가수의 공연을 감상하고 마는 것이 아니라, 듀엣 기능 등 다양한 기능으로 내가 좋아하는 가수와 관련된 다양한 영상을 제작할 수 있다. 콘서트와 관련된 댄스 챌린지 등을 통해 다양한 기부 활동을 하는 것도 가능하다. 앞으로 가수들과 쌍방향적인 소통의 기능도 점차 발전해 나갈 것이다. 실제 에스파는 지난 2022년 새 앨범 발매에 맞춰 틱톡을 통한 소통의 기회를 마련하기도 했다. 내 집안에서 내 최애 가수의 생생한 콘서트도 즐기고, 다양한 소통을 통해 팬들의 니즈를 틱톡 앱 내에서 모두 만족시키는 세상이 멀지 않은 것이다.

숏폼의 새로운 미래 먹거리, 라이브 커머스와의 만남

유튜브, 틱톡 등 다양한 영상 플랫폼들은 쇼핑 기능 강화에 나서고 있다. 광고 시장 침체 등에 따라 수익 다변화가 필요하기 때문이다. 이미 11번가, 위메프 등 주요 유통 채널들은 유튜브 쇼핑과 제휴를 진행해 라이브 방송을 강화하고 있다. 지난 2022년 유튜브 쇼츠에 쇼핑 기능을 시범 도입하기도 했다. 영상 속 물건을 쇼핑몰로 연결시켜 판매를 진행하는 것이다.

틱톡은 라이브 커머스에 더욱 적극적으로 나서고 있다. 이미 틱톡의 중국 버전 '더우인'의 라이브커머스 기능을 통해 성과를 입증했다. 이미 하루에 수십억 원의 매출을 올리는 등 라이브 커머스가 이미 자리를 잡은 상황이다. 틱톡은 동영상을 보면서 물건을 살 수 있는 '틱톡샵' 기능을 확대하면서 라이브 커머스 시장의 강자가 되기 위해 노력하고 있다. 이미 틱톡은 2020년 현대백화점 등과 라이브 커머스 실험을 진행했다. 유명 틱톡 크리에이터들이 백화점 내 화장품 매장을 방문해 쇼핑하는 모습을 라이브로 전달하고, 구매를 원할 경우 네이버 쇼핑으로 연결되어 실제 구매가 가능한 방식을 적용한 것이다.[32]

국내 유통기업들에게 있어 틱톡 등과 연계한 라이브 커머스 기능은 새로운 활로가 될 수 있다.[33] 틱톡은 MZ세대들이 이미 모여서 자연스럽게 놀이터처럼 영상을 제작하고 소비하는 공간으로 발전했다. 이러한 플랫폼에서 영상에 자연스럽게 판매 기능을 붙이게 되면 그 시너지 효과는 가늠할 수 없을 정도이다. 특히 틱톡 크리에이터들은 광고 모델과는 다르게 팔로워들에게 친근한 이미지를 형성하고 있다. 내가 평소 팔로우하고 친숙하게 느끼던 크리에이터가 입고 있는 의상을 자연스럽게 구매할 확률이, 단순한 푸쉬형 광고보다 높을 가능성이 크다. 또한 틱톡 크리에이터들은 저마다 전문 분야들이 있다. 때문에 뷰티 크리에이터가 화장품 등을 판매하게 된다면 그 효과성이 긍정적일 가능성이 높다. 분야별 크리에이터에 맞는 다양한 상품들이 판매될 수 있는 것이다.

(선거) 선거의 중심에 우뚝 선 숏폼 콘텐츠

선거 공약도 숏폼으로 전파! 선거의 중심에 우뚝 선 숏폼

2022년 미국 중간선거의 경우 틱톡 등 SNS의 영향력을 확인할 수 있는 선거였다. 기존 선거에 큰 영향을 끼쳤던 TV, 신문 등의 영향력은 시대의 흐름 앞에 자연스럽게 줄어들고 있는 추세이다. 이 빈틈을 숏폼 등 SNS 플랫폼들이 메꾸고 있다. KBS 공영미디어연구소는 '틱톡의 경우 30대 이상보다 10대와 20대 비율이 매우 높다. 전체 하원의원 후보자 15%[34]가 선거에 틱톡을 활용했다'고 밝혔다. 실제 후보자들도 틱톡을 활용해 선거의 공약 등 메시지를 전달하면서 10대, 20대를 공략하고 있는 것이다. 기존 언론사들도 틱톡 스트리밍을 활용하는 등 틱톡 등 숏폼 플랫폼을 통한 선거운동의 영향력이 확대되었음을 직접적으로 느낄 수 있는 선거가 되었다.

해외 사례뿐 아니라 국내에서도 숏폼 플랫폼을 활용한 다양한 선거운동이 진행되고 있다. 특히 지난 20대 대통령 선거의 경우, 숏폼의 가능성을 확인한 사례였다. 특히 공약을 전달하는 과정에서 숏폼 콘텐츠가 중요한 역할을 수행했다. 보통 대통령 후보의 공약은 웹사이트, 책자 등을 통해서 접하게 되는 것이 보통이다. 하지만 수많은 공약들을 유권자들이 이해하기 쉽게 전달하는 데에는 한계점을 갖고 있었다. 이때 '숏폼 공약'은 공약의 포인트를 쉽게 정리해 유권자에게 전달하는 효과적인 수단이 되었다. 당시 이재명 후보의 경우 '탈모 공약, 진심입니다'라는 유튜브 쇼츠 영상을 통해 대표적인 공약을 설명했다. 또한 윤석열 후보의 경우, '만 나이 통일', '등 하원 도우미 소득공제' 등 생활 밀착형 공약을 유튜브 쇼츠로 공개했다.[35] 이러한 후보자들의 숏폼 공약 홍보는 많은 긍정적인 효과를 불러일으켰다. 특히 MZ세대에게 익숙한 포맷을 활용해 이들의 지지를 이끌어 낼 수 있었다. 또한 선거에 상대적으로 관심이 덜한 사람 등에게도 친근하고 쉽게 정보를 전달하고 후보자의 긍정적인 이미지를 전달할 수 있었다.

기존의 선거 운동은 주로 매스미디어를 통해 진행되었다. 직접적으로 메시지를 전달하는데 있어 한계가 있을 수밖에 없었다. 그리고 원하는 만큼의 정보량을 전달하는 데에도 한계가 있었다. 하지만 숏폼 콘텐츠는 이러한 한계점을 단번에 해결할 수 있었다. 원하는 만큼의 정보를 직접적인 메시지로 제작해 타겟에 맞게 전달할 수 있는 장점이 있다. 그리고 어렵게만 느껴졌던 정치와 공약에 대한 친숙한 이미지를 심어줄 수 있었다. 앞으로 숏폼 콘텐츠를 통한 선거 운동이 전 세계적으로 확산될 수밖에 없는 이유이다.

특히나 후보자들이 직접적으로 숏폼 플랫폼에서 소통을 강화해야 하는 또 다른 이유는 '올바른 팩트의 전달'이다. SNS 상에는 확인되지 않은 정보와 팩트가 구분되지 않고 확산되고 있다. 때로는 가짜뉴스들이 일부에게

팩트로 받아들여지는 문제점이 발생하기도 한다. 이러한 상황에서 언론사 혹은 후보자들이 팩트에 기반한 올바른 정보를 전달하고, 소통을 강화하는 것은 가짜뉴스 등 선거에 방해가 되는 요소들을 제거하는 효과를 갖게 되는 것이다. 늘어난 숏폼 플랫폼 등 SNS의 영향력만큼이나 부작용도 일부 발견되고 있다. 때문에 해당 플랫폼을 통해 건전한 선거 운동을 만들기 위해서도 적극적인 팩트를 전달하는 것의 중요성은 점점 커지고 있다.

숏폼 플랫폼을 통한 선거의 중요성이 커져가면서, 틱톡은 2023년 3월 커뮤니티 가이드라인 개정을 발표했다. 특히 선거공정성 보호규정과 관련하여 '정부, 정치인 및 정당 계장에 대한 틱톡의 접근방식과 시민 및 선거 공정성을 보호하는 틱톡 활동의 세부 정보 등'을 가이드라인에 반영했다. 숏폼 플랫폼을 통한 선거 관련 활동들이 활발해지고 있고, 앞으로 더욱 확대될 것에 대한 대응책이라고 볼 수 있다.[36]

10

(사회적 활동) 사회적 목소리의
통로가 된 틱톡, 세상을 바꾸다

'미투' 등 사회적 운동의 장이 된 틱톡

   틱톡 등 숏폼 플랫폼의 경우 단순히 엔터테인먼트적인 특성만 있는 것은 아니다. 펀(FUN)적인 요소가 부각되는 다양한 댄스 챌린지, 리믹스 기능을 활용한 따라하기 등 엔터테인먼트적인 특성 외에도 사회적 운동 성격의 영상들도 제작되고 있다. 특히 2020년부터 본격화된 틱톡에서의 '미투(Me too)' 운동의 경우 대표적인 사회적 운동의 예이다. 피해를 입은 여성들은 15초 정도의 짧은 영상을 통해 피해를 입은 신체 부위에 색소 등을 묻히는 모습을 드러내는 방식으로 미투 운동을 진행하고 있다.[37] 사실 미투 운동은 지난 2017년 트위터를 중심으로 확산되었다. 때문에 영상보다는 사진 및 텍스트의 형태로 퍼져 나가는 형태를 보였다. 그랬던 미투 운동이 숏폼 콘텐츠를 만나게 되면서 영상을 위주로 확산되고 있는 것이다. 영상의 힘은 역시 강력했다. 다양한 말보다는 시각적으로 보여지는 모습에 감정적으로 더 많은 공감을 불러일으킬 수 있었다. 이에 피해자들의 심정을 공감하는 다양한 댓글들이 이어졌다. 틱톡을 통한 미투 운동은 숏폼 플랫폼의 일상화와 연관이 깊다. 틱톡을 통해 누구나 쉽게 영상을 올리는 것이 가능해졌기 때문에, 이렇게 다양한 영상들이 플랫폼 내에서 업로드되고, 이러한 다양한 영상들이 하나의 물줄기처럼 큰 목소리를 내는 수준으로 확장한 것이다. 앞으로 비단 미투 뿐 아니라 수많은 피해자들의 목소리, 사회적 약자를 보호하기 위한 사회적 운동 등 다양한 목소리들이 틱톡 등 숏폼 플랫폼을 통해서 목소리를 낼 것으로 예상된다. 예전에는 개개인의 작은 목소리들을 모으는 것에 한계가 있었다. 하지만 영상을 통해 전세계를 하나로 묶는 틱톡의 특징은 틱톡이 사회적 운동의 중요한 툴(Tool)이 될 것임을 말해주고 있다.

틱톡이 아시안 증오 범죄를 예방한다?

2020년 틱톡을 이용하는 10대들은 '흑인의 목숨도 소중하다'라는 운동을 주도하고, 실제 도널드 트럼프 전 미국 대통령 대선 유세장을 비어 버리게 만드는 영향력을 보여주기도 했다.[38] 2021년에는 한인 학부모가 틱톡에 올린 교육 동영상이 화제가 되기도 했다. 한인 2세인 이들을 자녀들을 위한 아시안 증오 범죄를 주제로 영상을 제작했다. 자녀들과 문답하는 형식의 이 영상은 틱톡을 통해 사회적 이슈를 전달한 대표적인 사례이다.[39]

이러한 예시들은 일반인들이 힘을 모아 틱톡을 통해 사회적 이슈를 전달하고 실제 행동으로까지 연결시키는 모습들을 보여준다. 예전이라면 일반 시민들이 자신의 정치적 의견을 밝힐 수 있는 통로가 부족했다. 그리고 무엇보다 이러한 의견들이 사회적으로 큰 영향력을 끼치는 것은 더욱 쉽지 않은 것이었다. 하지만 미국 내 유색인종들의 차별문제처럼 문제의식을 갖고 있는 일반 시민들의 영상 하나가 100만뷰 이상을 기록하고 같은 생각을 갖고 있는 사람들을 응집시키는 효과를 가져오고 있다. 이제 틱톡을 통해 일반 시민의 작은 목소리도 묻히지 않고 영향력을 발휘할 수 있는 세상이 되었다. 실제로 한인 학부모가 올린 아시안 증오 범죄에 대한 영상에 수많은 전문가들이 동의의 목소리를 내면서 화제가 되기도 했다. 이는 앞으로 어떤 사회적 이슈도 소수의 목소리라고 해서 조용히 묻히기만 하는 것이 아니라, 얼마든지 세상 앞에 당당히 의견을 밝힐 수 있다는 것을 의미한다. 정치적, 사회적인 다양한 사회적 문제들에 앞으로 일반 시민들의 작은 목소리들이 세상에 큰 영향을 미치게 될 것이다. 이는 투표와 정치에 영향을 미쳐, 실제 정책 등 현실적인 성과로 연결될 수도 있을 것이다.

PART. 02

숏폼 크리에이터 인터뷰

이제 MCN도 숏폼 크리에이터가 대세다!
마르카토 컴퍼니 박정수 대표

저는 다양한 크리에이터 들이 소속된 MCN 회사를 운영하고 있는 박정수 대표입니다. 숏폼 콘텐츠의 대세감에 따라 저희 MCN도 다양한 숏폼 크리에이터 들과 함께 다양한 콘텐츠를 제작하고 있습니다. 앞으로 다양한 도전을 통해 소속 크리에이터 분들과 함께 성장해 나가고 싶습니다.

내가 숏폼 크리에이터 들이 소속된 MCN을 운영하게 된 이유

저는 원래 실용음악과를 전공했는데요. 제 주변에 관련과를 졸업한 많은 분들이 자신을 알리는데 한계가 있는 현실을 알게 되었습니다. 일부 이름이 알려진 분들만 유명 MCN에 들어갈 수 있었던 현실에서 '아직은 이름을 알리지 못한 분들도 우리가 함께 해보자'라는 생각으로 MCN을 시작하게 되었습니다.

처음에는 음악을 하는 지인 위주로 MCN을 운영했습니다. 그러다가 점차 연기자 등 다양한 분야로 자연스럽게 영역을 확장했습니다. 구독자 100명대였던 〈여배우의 책방〉 채널이 구독자 16만 이상으로 성장하는데 함께 하기도 했습니다.

저 스스로도 숏폼 콘텐츠에 대한 많은 관심을 갖고 있었습니다. '이게 이제 트렌드인가'라는 생각을 갖고 있던 그때, 함께 일을 했던 분이 틱톡 코리아로 이직을 하게 되었습니다. 그때 함께 논의를 하면서 틱톡 등 숏폼 콘텐츠의 중요성과 미래 성장 가능성에 대해 좀 더 명확히 알게 되는 계기가 되었습니다.

틱톡은 현재 미디어 플랫폼 시장을 리드하면 바꿔 나가고 있습니다. 숏폼 콘텐츠의 양 자체가 늘어가고, 크리에이터들의 니즈도 늘어나고 있습니다. 상대적으로 투입되는 에너지 대비해서 조회수도 잘 나오고 있다 보니까, 이 시장에 뛰어 들고 싶어하는 크리에이터들이 많이 있습니다. 또 틱톡의 경우 특별한 편집 능력이 없이도 본인의 아이디어와 끼만 있다면 도전이 가능합니다. 이러한 시장의 변화에 발 맞춰 저희 MCN이 숏폼 크리에이터와 함께 성장할 수 있는 타이밍이라고 생각했고, 그렇게 숏폼 크리에이터들을 영입해 지금에 이르게 되었습니다.

숏폼 콘텐츠의 미래는 '라이브'와 '버츄얼 휴먼'에 있다?

숏폼 콘텐츠도 점차 세분화되고 있다고 생각합니다. 그 중에 가장 중요하게 생각하는 것이 '라이브' 콘텐츠입니다. 틱톡 플랫폼 내 라이브 기능이 강화되고 있고, 이에 발 맞춰 많은 콘텐츠들이 만들어지고 있습니다. 틱톡 라이브 전문 MCN도 생겨나고 있습니다. 이렇게 세분화되는 추세에 저희도 발맞춰 준비해야 한다고 생각합니다.

요즘은 기존 아프리카TV, 트위치에서 활동하던 BJ분들도 틱톡 등 숏폼 플랫폼으로 많이 유입되고 있습니다. 특히 라이브 기능 때문인데요. 그만큼 해당 시장의 파이도 점차 커지고 있습니다. 저희는 그래서 라이브 전문 크리에이터 등 라이브 콘텐츠를 제작하기 위한 크리에이터를 모집하고 있습니다.

수많은 영상 플랫폼 시장의 트렌드는 '세분화'되어 가고 있고, 그 흐름을 미리 파악해 준비하는 것이 MCN이 성장하기 위한 키(KEY)라고 생각합니다. 저희는 그 중에 하나를 '라이브' 콘텐츠로 보고 있는 것입니다. 숏폼 콘텐츠를 시작하려는 분들께서도 세분화되는 다양한 콘텐츠의 흐름을 파악해 이 시장에 뛰어드는 것이 좀 더 효율적이라고 생각합니다.

여기에 더해 저는 숏폼 콘텐츠에서 활약하는 '버츄얼 휴먼'이 더 늘어날 것이라 생각합니다. 앞으로 시장이 커지면 초상권 등에 대한 이슈가 생길 수 있는데, 버츄얼 휴먼은 초상권에 대한 이슈에서 자유롭습니다. 그리고 기술이 점차 발전하면서 점차 쉽게 적은 비용으로 누구나 버츄얼 휴먼을 활용하는 세상이 올 것입니다. 사람들에게 호감을 줄 수 있는 외모와 다양한 재능을 갖춘 버츄얼 휴먼은 분명 많은 매력으로 큰 인기를 누리는 대세 콘텐츠를 만들어 낼 것입니다. 가까운 미래에는 앞서 말씀드린 라이브 기능도 버츄얼 휴먼이 진행하는 세상이 될 것입니다.

숏폼 크리에이터는 어떤 플랫폼에 영상을 업로드해야 할까?

숏폼 크리에이터에 도전하려는 수많은 분들로부터 가장 많이 받는 질문 중 하나가 '다양한 숏폼 플랫폼 중 어떤 플랫폼에 도전해야 하는가'라는 질문입니다. 저는 그럴 때 마다 이렇게 답하곤 합니다. '굳이 어느 한 플랫폼만 운영할 필요가 없다' 물론 채널과 콘텐츠의 특성에 따라 우선순위는 달라질 수 있습니다. 예를 들어 10대, 글로벌, 댄스 등의 키워드를 갖고 있는 콘텐츠를 위주로 제작하는 경우, 틱톡을 메인 채널로 영상을 제작하는 것이 좋습니다. 다만 인스타그램 릴스, 유튜브 쇼츠에 동시에 업로드하지 않을 이유는 없습니다.

사실 어느 정도 플랫폼별 특성이 있다고는 하지만, 사실 내 캐릭터가 어느 플랫폼에서 성공을 거둘 수 있는지는 아무도 모르는 것이라고 생각합니다. 어느 타이밍에 어느 알고리즘을 탈지는 모르는 것입니다. 하나의 영상으로 인해 나머지 채널 내 영상들도 잘될 확률이 높아지는 것이기 때문에 확률을 높이는 차원에서 모든 플랫폼에 영상을 올리는 것이 좋습니다.

특히 숏폼 콘텐츠를 제작하는 초기에는 더욱더 다양한 플랫폼을 경험해봐야 합니다. 다양한 영상을 업로드하면서, 지속적인 분석과 피드백을 통해 점차 메인 플랫폼과 채널의 특성을 발전시켜 나가야 합니다.

숏폼 크리에이터를 준비하는 사람들에게

첫째, 숏폼 크리에이터에 도전하는 마음을 갖고 있다면, 망설일 이유가 없다고 말씀드리고 싶습니다. '하고 싶은데 편집 기술이 없다', '좀 더 경험을 쌓고 나중에 시작하고 싶다'라는 말은 핑계일 뿐입니다. 저는 저희 어머니도 지금 마음만 먹는다면 시작할 수 있는 것이 숏폼 크리에이터라고 생각합니다. 그만큼 편집 등 제작에 대한 허들은 약해졌고, 특히 숏폼의 경우는 일반 영상 콘텐츠에 비해 더욱 그렇습니다. 그래서 무조건 시작해 보고, 시도하면서 생기는 경험들을 빨리 경험해 보라고 말씀드리고 싶습니다.

둘째, 숏폼 콘텐츠를 무조건 많이 봐야 한다고 말씀드리고 싶습니다. 많이 보면 볼수록 숏폼 트렌드를 파악할 수 있고, 그러한 경험들이 쌓여 영상을 기획하는 눈도 점점 생길 것입니다. 가끔 이 영상이 왜 인기를 얻었지?라는 생각이 드는 영상도 있을 것입니다. 이때 '왜(Why)'에 대한 답을 항상 고민해 보는 것이 중요합니다.

셋째, 특히 10대 크리에이터 분들은 필히 피해야 하는 것들을 꼭 피하라라고 말씀드리고 싶습니다. 최근 틱톡 등 숏폼 플랫폼 내에 선정적이고 위험한 영상들이 일부 문제가 되고 있습니다. 선정적인 챌린저, 블랙아웃 같은 위험한 챌린지 등이 유행한 적이 있습니다. 특히 해외에서 유행하면 국내에 자연스럽게 유입되는 경우들이 있는데 이 부분은 필히 피해야 하는 요소입니다.

브랜디드 콘텐츠, 글로벌 진출 등 MCN이 이루고 싶은 꿈

MCN을 운영하는 입장에서 저희 소속 숏폼 크리에이터 분들이 더 많은 기업 협업을 진행하기를 희망합니다. 여러 가지 장점이 있기 때문인데요.

우선 크리에이터 분들의 자부심 자체가 달라질 수 있습니다. 예를 들어 플래그십 스마트폰 브랜디드 콘텐츠를 제작한다고 하면, 엄청난 동기부여가 될 수 있습니다. 그리고 이는 자연스럽게 MCN과 크리에이터 개인에게도 긍정적인 레퍼런스가 됩니다. 또 가장 실질적인 장점은 수익이 늘어난다는 점입니다. 이렇게 자부심, 인지도, 수익 등 다양한 장점을 모두 잡을 수 있는 기회이기 때문에 앞으로도 더 많은 기업 협업 브랜디드 콘텐츠를 제작하기 위해 노력하고 있습니다.

또 글로벌한 프로젝트들을 진행해 보고 싶습니다. 틱톡 등 숏폼 플랫폼은 글로벌을 대상으로 하고 있습니다. 실제로 수많은 한국의 크리에이터 분들 중에 해외 팔로워의 비율이 압도적으로 높은 경우들이 많이 있습니다. 해외 MCN과 협업해 저희 소속 크리에이터들과 공동 프로젝트를 진행할 수 있으면 좋겠습니다. 해외 업체들이 국내 시장에 진출할 때, 반대로 국내 회사가 해외 시장 진출을 모색할 때 저희 MCN이 도움이 될 수 있도록 노력하고 있습니다. 특히 숏폼 콘텐츠는 댄스, 코스프레 등 언어적 특성이 크지 않은 콘텐츠들이 인기를 얻고 있습니다. 때문에 해외 진출에 좀 더 용이한 장점이 있습니다. 앞으로 다양한 기업과의 협업, 그리고 글로벌적이 프로젝트 등 MCN으로서 성장하고 도전할 수 있는 부분이 많다고 생각합니다.

02

배우이자 틱톡 크리에이터, 자신만의 강점으로 사랑받는 크리에이터가 되다 〈민현Minhyun〉

저는 틱톡 크리에이터 박민현이라고 합니다. 저는 뭐든 재미있는 걸 좋아하는데요. 인생도 항상 재미있게 살자 라는 목표로 살고 있습니다. 그래서 제 채널에는 평범하게 공감하거나 가볍게 웃을 수 있는 컨텐츠들을 주로 업로드합니다. 채널명은 성을 뺀 제 이름을 한글 영문으로 만들어서 〈민현Minhyun〉 입니다

틱톡 채널 : https://www.tiktok.com/@ever_spring

내가 숏폼 크리에이터가 된 이유

숏폼 컨텐츠라는 단어도 익숙하지 않았던 시절이었습니다. 개인적으로 친한 형이 '유튜브'와 비슷한 동영상 플랫폼이 뜨고 있다는 이야기를 해주었습니다. 긴 영상은 어려우니 쉬워 보이는 짧은 영상이라도 하나씩 올려보려고 만들었다며 저에게 틱톡을 권유했습니다. 저도 처음에는 그냥 재미

삼아 시작하게 되었는데, 영상을 올릴 때마다 반응도 좋고 점점 팔로워도 늘어났습니다. 그러다 우연히 다른 크리에이터들도 만나고 커뮤니티도 생겼는데, 생각지도 못한 일들이 벌어지는 게 재미있어서 크리에이터로 활동하게 되었습니다.

'가볍게 즐길 수 있다는 것' 이 숏폼 콘텐츠의 가장 큰 장점

숏폼 콘텐츠의 가장 큰 장점은 역시 '가볍게 즐길 수 있다'는 것입니다. '스낵컬처'라는 말이 만들어질 정도로 가벼움을 선호하는 시대라고 생각합니다. 요즘은 TV는 없어도 스마트폰은 있는 시대이고, 다운로드는 안 해도 스트리밍 콘텐츠는 소비하는 시대잖아요. OTT만 켜도 볼 것이 넘쳐나고 유튜브만 켜도 콘텐츠가 홍수처럼 쏟아지는 시대이다 보니 요즘은 '내가 뭘 봐야하나, 재미있는 게 없나' 싶을 때가 있는데요. 그럴 때 스마트폰으로 유튜브 쇼츠나 릴스, 틱톡 영상을 가볍게 Swipe(스와이프) 하게 되고 그러다가 뭔가 재밌는게 있다 싶으면 링크를 검색하거나 해당 콘텐츠를 찾아서 보게 됩니다. 이렇게 언제, 어디서나 가볍게 넘기면서 콘텐츠를 즐기는 것이 숏폼 콘텐츠의 최대 장점이라고 생각합니다.

주로 '틱톡' 플랫폼에 콘텐츠를 업로드하는 이유

저는 숏폼 콘텐츠 제작을 처음부터 틱톡에서 활동했었기 때문에 틱톡에만 업로드하고 있습니다. 개인적으로는 이 세상에 나를 너무 드러내 놓고 활동하기에 약간의 창피함이 있었습니다. 아무래도 인스타그램 자체가 지인들이 많이 팔로우 하는 구조잖아요. 제 폰에 저장된 연락처 기반으로 팔로우를 추천하기도 하구요. 그래서 그런지 지인들이 보고 있다는 생각이 들면 '릴스'에 제 영상을 업로드하기가 꺼려지더라구요. 틱톡은 아무래도 지인 기반이라기 보다는 같은 관심사, 취향을 공유하는 사람들이 모여 있기 때문에 더 마음 놓고 편히 영상을 제작해 업로드하는 편입니다.

최대한 자연스러운 광고! 브랜디드 콘텐츠를 제작하다

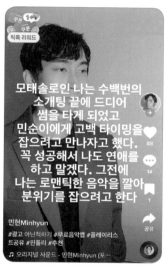

최대한 자연스러운 광고로 큰 사랑을 받았던 콘텐츠

　무료 음악 어플들은 보통 몇 곡 듣다가 중간에 광고가 나와서 음악을 듣는데 방해가 되는데 "핀플리는 광고가 나오지 않는 무료 음악 어플이다"라는 것에 포커스를 두고 제작한 영상입니다.

콘텐츠 제작에 있어 별다는 제약은 없었고, 간단히 어플에 대한 소개를 해주는 영상을 만드는 건이었습니다. 아무래도 광고 영상을 제 채널에 업로드 하게 되면 조회수도 적게 나오고, 관심도가 훨씬 줄어드는 경우들이 많습니다. 그래서 광고가 아닌 일반적인 콩트 영상인 것처럼 보이게 만들어 시청자가 몰입할 수 있게 좀 더 심혈을 기울여서 만들었습니다. 요즘은 드라마에서도 PPL 문제들이 많이 화제가 되었는데, 오히려 자연스럽게 녹아든 PPL은 찬사를 받았던 걸 참고했습니다. 최대한 광고가 아닌 척하는 재밌는 영상을 만들었던 기억이 납니다.

채널명 〈민현Minhyun〉, 제 채널을 소개합니다

MZ세대들이 가볍게 즐길 수 있는 콩트 형식의 콘텐츠

채널명은 〈민현Minhyun〉으로 뭔가 별명이나 별칭 같은 것들을 채널명으로 사용할까 고민하였었는데요. 스스로 작명에 재주가 없다는 생각이 들기도 했고, 기억에 남는 유니크한 별명이 없어서 조금 심심할 수 있지만 본명으로 채널명을 정했습니다. 영상 업로드는 틱톡만 하고 있습니다. 아무래도 틱톡의 주 이용층이 1020세대이기 때문에 MZ세대가 가볍게 즐길 수 있는 콩트, 누구나 공감할 수 있는 재밌는 짧은 이야기들을 주로 업로드하고 있습니다. Z세대들이 이해할 수 있고 공감할 수 있는 내용들을 소재로 삼아 영상을 제작했습니다. 주로 상황극 포맷을 적극 활용했습니다. 화면 변화도 빠르고 표정, 대사와 음향에 맞춰 순간 볼거리를 제공할 수 있기 때문에 사람들의 이목을 집중시킬 수 있기 때문입니다.

채널 성장 초기: 틱톡의 주요 기능, 그리고 알고리즘을 활용하라!

처음엔 정말 아무거나 찍어서 올렸습니다. 솔직히 그때만 해도 본격적으로 틱톡커가 되어야겠다고 생각하지 않았기 때문입니다. 틱톡의 기본적인 기능인 '필터'로 얼굴 못생기게 만들기, 축구공 헤딩하기, 립싱크 등 크게 의미가 없는 영상들을 찍어 올렸습니다.

틱톡 필터의 보정 기능 때문에 제 얼굴이 실제보다 잘생기게 나오는 모습이 마음에 들었습니다. 그렇게 처음에는 '자기 만족' 때문에 영상을 제작해 업로드했습니다. 그런데 필터 중에 손 모양을 맞춰서 버블티를 제조하는 필터가 있었는데, 이것 역시 큰 생각 없이 업로드했었습니다. 아마 5번째 제작했던 영상으로 기억합니다. 그 이전의 영상들의 경우, 조회수는 30회, 좋아요는 3~4개 수준으로 관심도가 거의 없었습니다. 그런데 버블티 제조 영상의 경우 조회수 20만회 좋아요도 1.3만 이상 달리는 당시로서는 놀랄 만한 관심을 받게 되었습니다.

2019년 9월 16일 계정을 만들고 약 2주 정도 지난 시점에서 올린 '버블티 제조' 영상이 일주일 동안 조회수, 좋아요, 댓글들이 계속 상승했던 경우가 있습니다. 그때 저는 '이게 무슨 일인가' 하는 황당함을 느낀 동시에 '뭔가 큰 관심을 받는 것을 스스로 좋아하고 있다'는 느낌을 받았습니다. 후에 알게 된 것은 계정을 처음 만들고 나면 관리자가 '슈퍼 부스터'를 달아줘서 알고리즘의 노출도를 높인다는 것을 알게 되었습니다. 이 경우, 국내 또는 해외 유저들에게 엄청나게 노출을 시키며 좋아요와 댓글 공세를 받게 하는 것입니다. 그러한 경험을 거치며 틱톡에 더 관심을 갖게 되었고, 어떻게 하면 조회수와 좋아요가 많이 나올 수 있을지 계속해서 연구하게 되었습니다.

영상을 제작하는데 있어 기본적으로 예전이나 지금이나 '벤치마킹'을 중요하게 여기고 있습니다. 이미 유명한 크리에이터들의 영상들을 보면서 영상의 포맷 등 사랑받는 비결을 연구했습니다.

일단 초기에는 외모가 특출나게 잘생기거나 예쁜 크리에이터들이 큰 사랑을 받았었기 때문에, 저도 헤어, 의상 등 외모에 신경을 많이 썼습니다. 최대한 잘생기게 나올 수 있게 말이죠. 그리고 콘텐츠는 립싱크, 트렌지션, 댄스 등 일단 도전할 수 있는 것들은 최대한 도전해 봤습니다. 당시 핫한 드라마의 한 장면을 립싱크하는 포맷이 유행이었는데, 이때 제 콘텐츠의 경우 립싱크의 싱크율 등 퀄리티를 높게 만들기 위해 노력했습니다.

시트콤 대사 립싱크 형태로 제작한 영상

　최대한 그럴싸해 보이고, 정말 그 드라마에 출연한 사람처럼 보일수록 좋아요가 높았기 때문입니다. 그 결과 아무 의미 없는 영상을 찍을 때보다 사람들의 높은 반응을 얻을 수 있었습니다. 그 이유는 (나중에 알게 된 것이지만) 알고리즘의 선택을 받을 수 있는 음원 덕분이었습니다. 사람들이 많이 사용하는 음원일수록 추천에 뜰 확률이 높다는 것을 알게 되었습니다. 이처럼 틱톡 등 플랫폼의 알고리즘에 대해 분석하고 이를 반영하는 것이 중요합니다.

　또한 틱톡의 주요 기능들을 효과적으로 활용하는 것이 중요합니다. 특히 좋아요를 많이 얻을 수 있는 주요 기능들이 있습니다. '듀엣' 기능은 다른 사람이 올린 영상에 내가 촬영한 영상을 붙여서 업로드하는 기능입니다. 이 기능의 장점은 예쁘거나 잘생긴 유명 크리에이터들의 유명세에 살짝 업혀가듯이 그 팬들의 좋아요를 얻어내고, 또 퀄리티 있는 영상을 만들어내면 알고리즘의 선택을 받을 수 있어서 혼자 출연한 영상보다 기본적으로 좋아요가 많이 나올 수 있다는 점입니다. 저의 경우 이렇게 하루에 한 개씩 꼬박 영상을 계속 찍어서 업로드하며 팔로워 수를 늘려 나갔습니다.

틱톡의 '듀엣' 기능을 활용한 영상

채널 성장 중기: 크리에이터에겐 '상부 상조'가 중요하다

제 채널의 중기는 한 크리에이터와의 연락으로 시작되었습니다. 제 영상들을 보면서 긍정적인 생각을 갖고 있던 크리에이터를 통해 유명 크리에이터들이 모인 카톡방으로 초대를 받게 되었습니다. 처음에는 밑져야 본전이라는 생각으로 들어갔는데, 틱톡 크리에이터들과 커뮤니티가 형성되기 시작하며 점점 성장해 나가기 시작했습니다. 당시에는 립싱크 포맷의 유행이지나가고 음악의 분위기에 맞춰 상황극 연기를 하는 영상이 유행하던 시기였습니다. 저보다 팔로워가 많은 크리에이터들이 계속 '듀엣' 기능을 활용해 코미디에 가까운 재밌는 영상들을 업로드했는데, 해당 영상들이 높은 반응을 얻고 알고리즘의 선택을 지속적으로 받게 되었습니다. 그리고 일종의 계처럼 크리에이터끼리 서로 좋아요, 댓글을 무조건 달아주는 암묵적인 룰이 있었는데 이를 통해 함께 성장해 나갈 수 있게 되었습니다. 또한 저를 단톡방에 초대했던 크리에이터는 하루에 3~4개 이상씩 영상을 제작해 업로드하는 헤비 업로드였습니다. 이를 통해 해당 크리에이터는 엄청나게 급성장을 할 수 있었습니다. 틱톡 측에서 판단할 때 하루에 영상을 여러 편 업로드하면 열심히 한다는 인정을 받게 되어 알고리즘에 노출되는 긍정적인 영향이 있다는 것을 알게 되었습니다. 저도 지속적으로 영상을 제작하고 업로드하면서 빠르게 성장할 수 있었습니다.

채널 성장 후기: 유행 속에서 나만의 무기를 갖는 것의 중요성

점점 크리에이터들의 숫자가 많아지고 있었기 때문에 '어떻게 하면 남들과 다르게 창의적으로 콘텐츠를 제작할 수 있을까'라는 생각을 계속 했습니다. 당시 POV(Point Of View)라는 콘텐츠가 유행을 했습니다. POV의 경우 연기를 하는 영상이었기 때문에 연기자인 저에게 더 잘 맞는다는 생각을 했습니다. 코로나가 가장 극심한 때였기 때문에 개인적으로도 활동을 전혀 못하고 있을 때였습니다. 집에서 연기 연습을 한다는 느낌으로 혼자 상황을 만들고, 아이디어를 짜면서 지속적으로 콘텐츠를 제작했습니다. POV 콘텐츠 중에서도 악당 느낌의 메이크업을 한 상황극이 인기를 끌었었는데요. 저는 그때 메이크업 보다는 저의 강점인 연기, 의상 등 캐릭터 설정을 통해 더 이목을 끌어야겠다고 생각했습니다. '캐리비안 해적'의 '잭 스페로우' 선장을 참고하여 악당이긴 하지만 너무 나쁘지는 않은 유쾌한 느낌의 캐릭터를 만들어 냈습니다. 집에 있는 독특한 의상과 모자 그리고 선글라스 악세사리들을 활용해 마구잡이로 걸치고 이름도 특정 고유명사를 지칭하기 싫어서 그냥 '빌런'이라고 명명했습니다. 나름의 차별화 포인트가 통했는지 큰 관심을 받을 수 있었습니다. 당시에는 '빌런'이라고 하면 틱톡에서는 어느 정도는 알 정도의 유명세를 탔었는데, 그게 굉장히 뿌듯하면서도 기분이 좋았었다. 소위 '부캐(부캐릭터)' 같은 느낌이었습니다.

'빌런'이라는 캐릭터를 창조해 사랑받았던 영상

후기로 접어들면서 나타난 변화는 알고리즘의 영향이 컸던 것 같습니다. 갑자기 유행하던 POV 영상들이 아예 조회수가 나오지 않게 되었습니다. 조회수나 좋아요를 얻기 위해 당시 사람들이 점점 자극적인 영상들을 찍기 시작했는데, 10대 크리에이터들이 학폭, 살인 같은 상황을 묘사하는 영상들을 올리기 시작했기 때문입니다. 제 생각에는 영화에서 나오는 장면들을 모방한 것인데, 틱톡 측에서는 그런 콘텐츠를 전 연령이 사용하는 SNS 차원에서 유해하다고 판단하여 알고리즘을 개편했다고 생각했습니다.

한때 틱톡에서 큰 인기를 끌었던 POV 영상

이러한 상황 때문에 또 다른 콘텐츠를 기획하고 올려야 하는 상황이 되었습니다. 어떤 콘텐츠들이 좋을까 고민하다, 이제는 해외 크리에이터들의 영상들을 벤치마킹하기 시작했다. 그들은 어떤 영상을 업로드하고 어떤 영상에 좋아요가 많이 찍히는지 연구하다 보니. 요즘도 사람들이 많이 하고 있는 1인 2역이나 1인 다역으로 하는 코미디 영상들이 유행한다는 걸 알게 되었습니다. 아쉽지만 빌런 캐릭터는 조금 제쳐두고 유행에 따라가기 위해 해외 크리에이터들의 영상을 참고하며 공감 및 코미디 영상들을 제작해서 업로드하고 있다. 크게 어려운 점은 없었던 것 같습니다. 크리에이터들과 교류하며 항상 재미있게 찍고 편집하고 업로드했기 때문이었던 것 같습니다.

유행을 비틀어 나만의 영상을 제작하다

　조회수 250만회를 기록한 영상이 제 채널의 영상 중 가장 조회수가 높은 영상이었습니다. 솔직히 이렇게 잘될 줄 생각도 못했던 영상이었습니다. 당시 'Pussy 챌린지'라고 여자들이 앉으면서 엉덩이를 자랑하는 밈(Meme)이 전 세계적으로 유행했었는데, 그걸 약간 비튼 영상이었습니다. 떨어진 열쇠를 남자가 줍는데 Pussy 챌린지 음악이 나오고, '그런 것이 아니라고' 당황해서 부정의 손짓을 보이며 카메라를 끄는 그런 영상이었습니다. 약간 황당하기도 하면서 웃긴 코드를 정확하게 짚었던 것 같습니다. 그리고 대사 없이 비언어적 표현으로 모든 상황이나 스토리가 설명되는 심플한 영상들을 틱톡에서 좋아하는데 그게 유행하는 밈과 함께 우연히 맞아 떨어져서 그 영상이 잘된 것 같습니다.

유행을 비틀어 나만의 창의적인 기획을 시도했던 영상

나만의 촬영, 편집 차별점을 만들어라!

  틱톡 콘텐츠의 특성상 크게 고화질이 필요한 것 같지 않아서 현재 갖고 있는 아이폰으로 촬영을 했습니다. 그리고 초반에 편집할 때는 캡컷과 비타라는 어플을 썼는데 캡컷이라는 어플이 다양한 효과와 틱톡 업로드에 편하게 업데이트를 계속 해줘서 나중에는 캡컷만 사용하게 되었습니다. 또한 틱톡 자체에 있는 기능들만으로도 훌륭해서 따로 편집 프로그램을 쓰지 않는 크리에이터들도 많이 있는 상황입니다.

  제가 다른 크리에이터와 다른 점은 연기 전공자라서 아무래도 영상적인 감각이 더 좋았던 것 같습니다. 매체 연기를 위해 영화나 드라마에 대해 공부했던 부분들이 큰 도움이 되었습니다. 연기할 때 바스트샷, 풀샷과 같은 샷에 대한 이해도와 콘텐츠마다 어떤 샷을 써야 몰입도를 높이는데 효과적인지 그리고 조명을 써서 어떤 분위기를 내야 효과적인지에 대해 알고 있었던 것이 다른 크리에이터들보다 영상의 퀄리티를 높이는데 유리했던 것 같습니다. 그리고 예전에 유튜버로 활동하려고 배워 두었던 영상 편집 기술들이 어우러져서 음악과 영상이 더 어울리게 하는 등의 다른 점이 있었던 것 같습니다.

결국 진심이 통한다! 팔로워를 관리하는 나만의 노하우

  저는 아무래도 소통을 가장 중요시 여겼습니다. 유명한 사람이 제 댓글에 답글을 달아주거나 좋아요를 눌러주면 놀랍기도 하고 기분이 좋은데, 다른 사람들도 비슷할 거라고 생각했습니다. 모든 댓글에 다 답글을 달아주고 댓글을 단 크리에이터가 올린 영상에 나도 댓글과 좋아요를 눌러줬더니 하나 둘씩 팬들이 생기기 시작했고, 그들의 댓글에 대한 QnA도 진행하며 계속해서 소통을 했습니다. 돌아보니 제일 중요했던 건 마음이 아니었나 싶습니다. 콘텐츠를 소비하는 사람들이 시간을 내서 영상을 시청해주고 좋아요를 눌러주고 시간을 내서 댓글을 써주는 것 자체가 다 너무 고마웠습니다. 그래서 진짜 진심으로 항상 고마워하고 감사해하며 팔로워들과 소통하려고 노력했습니다.

조회수, 구독을 유도하는 기획 노하우

삶의 모토가 일단 '뭘 하든 재미있게 살자'인데, 콘텐츠 역시 재미가 있으면 됐다고 생각합니다. 일단 저 역시도 콘텐츠를 소비하는 입장이다 보니 나는 어떻게 움직이는가 분석해봤을 때, 제가 재밌어하는 컨텐츠에 좋아요를 누르고 구독을 하게 됩니다. 지루하거나 재미가 없는 콘텐츠는 절대 구독하지 않습니다. 그리고 마음이라는 건 강요로 움직여지지 않는다고 생각합니다. 재미없는데 구독해달라고 하면 절대 구독해주지 않는다고 생각합니다. 그래서 창의적이고 재미있는 콘텐츠에 집중하면 알아서 조회수와 구독자는 따라오는 게 아닌가 생각합니다.

모방은 창조의 어머니! 많이 보고 많이 고민하기

우선 많이 보는 게 답입니다. '모방은 창조의 어머니다'라는 말을 굉장히 좋아하는데요. 어떤 콘텐츠들이 흥하는지 어떤 콘텐츠들이 망하는지를 시장조사하면서 데이터베이스를 쌓다 보면 아이템에 대한 해답이 나오는 거 같습니다. 어떤 걸 사람들이 좋아하는지 분석하고 그리고 나는 뭘 해낼 수 있는지 고민해야 합니다. 시장도 보지 않고 아이템을 선정하는 건 망하는 지름길일 수 있습니다. 물론 아닌 경우도 있지만. 시장조사를 마치고 아이템을 선정했다면 몇 번 시도해봅니다. 너무 고민만 하는 것보다는 어느 정도 가닥을 잡았다면 시도해보며 계속해서 수정해 나가는 것도 좋은 방법입니다. 아이디어는 유사 매체나 모든 곳에서 영감을 얻으려 합니다. 드라마, 영화, 만화, 전시회 등등 아이디어를 얻으면 그걸 콘텐츠에 대입시켜 상상해보고 형상화해 보면서 많은 노력을 기울이고 있습니다.

세상에 없는 것들을 만드는 것이 곧 차별화 포인트

흔히들 말하는 '세상에 없는 걸 만들어 내자'라는 생각으로 영상을 찍었던 것 같습니다. 사람이라는 객체가 모두 다 다르기 때문에, 내가 좋아하고 내가 맘에 들어 하는 것들조차 나만의 것이라고 생각했습니다. 그래서 더욱 내가 고민해서 만들어낸 것은 오직 나만이 해낼 수 있는 것이라고 확신했고, 어떻게 하면 사람들이 더 좋아할까 라는 분석을 했으며, 그리고 내가 할 수 있는 부분들을 최대한 끄집어내 사소한 디테일에 집중하면서 '이건 나만 할 수 있는 거다'라는 자신감으로 했던 게 차별화 포인트인 것 같습니다.

나만의 캐릭터를 만들어 내자! 트렌드를 잃지 않는 위트 있는 연기자

'트렌드를 잃지 않는 위트 있는 연기자' 정도로 생각합니다. 크리에이터보다는 연기자로 살아가고 싶은 마음이 더 큽니다. 이시영 배우처럼 연기자로 성공해가면서 SNS로 위트 있는 모습을 보여주며 사람들에게 재미를 주는 게 꿈입니다. 사람들에게 친근감 있는 이미지를 주는 사람이 되고 싶기 때문입니다. 그래서 최근에 만든 영상들이 거의 다 이시영 배우처럼 본인의 모습으로 보여주는 위트 있는 일상, 혹은 재미있는 상황극들인 이유입니다.

영상 기획 후 촬영부터 완성까지

일단 어떤 흐름과 어떤 샷으로 찍을지 어느 정도 초안을 머릿속으로 상상하며 결과물에 대한 이미지 트레이닝을 합니다. 그리고 촬영 전까지 레퍼런스 영상을 계속 보면서 음악과 영상의 싱크들에 대한 디테일들을 계속 숙지해 둡니다. 촬영 당일 카메라 구도와 내가 나오는 모습들을 확인한 후 만족스러운 결과물이 나올 때까지 반복해서 찍어봅니다. 그리고 편집할 때 어떤 시퀀스가 편집과 잘 어울리는지 계속해서 대입하며 어떻게 붙는지 계속 확인하면서 최상의 영상이 나오게 노력합니다. 결과가 맘에 들지 않으면 재촬영을 하기도 합니다.

숏폼 영상 기획 시 가장 피해야할 요소

숏폼 콘텐츠는 재미와 킬링타임을 위해 존재한다고 생각합니다. 그래서 재미와 반대되는 걸 피해야 한다고 생각합니다. 일단 대다수의 사람들이 불쾌하게 생각할 만한 요소들을 피해야 합니다. 불쾌하게 생각하는 기준은 모두 다르지만 아까 위에서 말했듯이 누구라도 싫어할 만한 요소들이 있습니다. 살인, 성매매, 마약 흡입과 같은 영상들은 아무래도 불법을 조장하는 뉘앙스가 있어서 특별한 메시지를 담지 않는 이상 될 수 있으면 피해야 한다고 생각합니다.

신선한 공감대로 전국 부부들의
지지를 받는 부부 크리에이터 〈무철부부〉

저희는 부부 숏폼 크리에이터 〈무철부부〉입니다. 부부들이 공감할 수 있는 다양한
소재를 기반으로 콘텐츠를 제작하고 있습니다. 저희 채널만의 가장 큰 특징은 '흑백
화면, 코믹스러운 더빙, 신선한 공감대'라고 생각합니다. 오늘도 전국 부부들의 공감
을 얻기 위해 고민의 고민을 거듭하고 있습니다.

유튜브 채널 : https://www.youtube.com/@mcbb

내가 숏폼 크리에이터가 된 이유

저는 원래 행사 관련 사업을 하고 있었습니다. 코로나19 등으로 행사 자
체가 없어지면서 사실 저희 부부는 약 1년 정도를 무기력하게 쉬고 있었습
니다. '언젠가는 끝나겠지'라는 기대로 시장이 살아나길 기대했지만, 상황
이 생각보다 빨리 끝나지 않고 있었습니다. 제가 행사 관련 사업 외에도 광
고 제작을 했던 적이 있습니다. 그때 제가 직접 주인공으로 출연하고 좀 특

이하게 광고를 제작했었습니다. 그때 제작했던 광고의 스타일이 숏폼 콘텐츠의 특성과 닮아 있었기 때문에 주변에서 숏폼 콘텐츠를 본격적으로 제작해보라는 추천을 많이 받게 되었습니다.

저 스스로도 영상에 대한 갈증이 있었고, 행사 관련 일도 뚝 끊긴 상황이었기에 바로 숏폼 크리에이터에 도전했습니다. 처음엔 틱톡으로 시작했습니다. 인기 있는 해외 영상들을 따라했더니, 좋은 반응을 얻게 되었습니다. 하지만 인기 있는 영상들의 특징을 따라하는 콘텐츠만을 제작하는 것에 한계를 느끼기 시작했습니다. 그래서 'Originality'를 갖고 있는 나만의 콘텐츠를 기획해야겠다'는 결심을 하게 되었습니다.

결국은 '차별화'가 핵심이라고 생각했습니다. 그래서 오히려 기존 영상들과 다르게 영상을 흑백으로 제작했습니다. 음악도 오히려 잔잔하게 적용하고, 그에 맞게 나레이션의 톤도 최대한 잔잔하게 녹음했습니다. 당시 총천연색의 화려하고, 빠른 템포의 음악, 임팩트 있는 나레이션들이 주를 이루고 있었기 때문에 '반대 전략'을 사용한 것입니다. 초반에 큰 반응을 끌지는 못했지만, 저 스스로는 확신이 있었기 때문에 '딱 100편까지만 만들어 보자'는 생각으로 현재 포맷의 영상을 제작하기 시작했습니다. 제 생각대로 3편이 지나가자 바로 반응이 왔습니다.

제가 틱톡 플랫폼에서 시작했지만 유튜브 쇼츠를 메인 채널로 활용하게 된 이유는 플랫폼의 특성 때문이었습니다. 틱톡은 주로 10대, 비언어, 글로벌이라는 특성이 상대적으로 강한 플랫폼입니다. 하지만 제 콘텐츠의 특성은 대한민국 부부, 대화를 중심으로 하는 특성을 갖고 있었기 때문에 유튜브 쇼츠를 메인 채널로 활용하게 되었습니다. 다행히 유튜브 쇼츠 베타 버전 때였기 때문에 오히려 알고리즘에 쇼츠 콘텐츠들이 상대적으로 더 많이 노출되던 시기였습니다. 그 덕에 한 달 만에 구독자를 10만명 달성하는 등 빠른 성장을 이룰 수 있었습니다.

'숏폼 크리에이터'를 추천하는 이유 : 적은 제작 부담, 엄청난 확장성

우선 숏폼 콘텐츠의 가장 큰 장점은 제작 자체에 부담이 적다는 점입니다. 1분 내외의 짧은 영상이다 보니까 빠르게 제작해서 결과를 확인할 수 있는 측면에서 큰 장점이 있습니다. 보는 사람들 입장에서도 헤비한 콘텐츠를 원하지 않기 때문에, 짧은 시간 내에 팝콘을 먹듯 가볍게 소비하는 특성을 보이고 있습니다. 유튜브 콘텐츠의 경우 한 편을 만드는데 상당한 시간이 소요됩니다. 이렇게 한 편에 많은 에너지를 쏟아 콘텐츠를 힘들게 제작하는 것보다는 효율적인 시간 관리가 가능하다는 장점이 있습니다.

또 숏폼 콘텐츠의 경우 엄청난 확장성을 갖고 있습니다. 기존에 이미 시장을 장악하고 있는 크리에이터들 사이에서 살아남는 것은 쉽지 않습니다. 그래서 상대적으로 성장하고 있는 '숏폼 콘텐츠'의 경우 기회가 남아있는 땅이라고 생각합니다. 제가 숏폼 크리에이터가 되고나서 빠른 성장을 경험한 후 제 주변의 보컬 트레이너 등 재능을 갖고 있는 수많은 사람들에게 숏폼 크리에이터로의 도전을 추천했습니다. 그리고 많은 분들이 크리에이터로서 성장해 수익을 창출하고 있습니다.

숏폼 영상 덕분에 콘텐츠의 길이가 길어졌다?

많은 사람들이 '숏폼 덕분에 콘텐츠의 길이가 짧아졌다'라고 얘기하곤 합니다. 하지만 저는 다른 시각을 갖고 있습니다. '저는 숏폼 영상 덕분에 콘텐츠의 길이가 길어졌다'라고 생각합니다. 기존에 싸이월드, 인스타그램에 편하게 사진을 올리던 분들이 이제는 '숏폼 영상 콘텐츠'로 올리고 있다는 생각을 하기 때문입니다. 그만큼 접근성이 높은 콘텐츠이기 때문에 점점 사진을 대신해 누구나 숏폼 영상을 올리는 시대가 되고 있다 생각합니다. 어떤 시각으로 바라보는냐에 따라 인사이트가 달라진 것입니다. 시간이 지날수록 크리에이터가 아닌 일반인들이 숏폼 영상을 본인의 SNS에 업로드하는 것이 당연해질 것이라 생각합니다. 자연스럽게 숏폼 콘텐츠들은 점점 다양하고 풍성해져 갈 것입니다.

다양한 플랫폼 자체도 일반인들이 쉽게 영상을 올릴 수 있도록 많은 노력을 기울이고 있습니다. 앱 내에 편리한 편집 및 효과 기능들을 지속 추가하고 있습니다. 결국 모두가 편하게 숏폼 콘텐츠를 올리는 세상은 올 것이고, 때문에 숏폼 콘텐츠의 미래는 매우 밝다는 생각을 갖고 있습니다.

광고 협찬이 몰리는 영상은 따로 있다?

저희 채널의 경우, 다양한 브랜드 협업을 하고 있습니다. 가장 기억에 남는 사례는 '발가락 티슈' 상품입니다. 이때 콘텐츠 조회수가 약 300만 정도 기록했었는데요. 저 스스로도 '유튜브 쇼츠가 엄청난 거구나'라는 생각을 하게 되었습니다. 당시 해당 제품의 경우 판매량이 30배 이상 오르는 등 실질적인 성과로 연결되기도 했습니다. 그 외에도 삼계탕 외식업, 비건 다이어트 식품 등 다양한 상품을 광고 콘텐츠로 제작하고 있습니다.

저희 채널의 강점은 부부가 출연하는 콘텐츠이기 때문에, 집 안의 거의 모든 상품들을 광고 형태로 녹일 수 있다는 강점이 있습니다. 집 안의 가구 등 인테리어, 아이들과 관계된 다양한 제품, 가족 캠핑, 음식 등 다양한 상품들을 부부의 일상 속에 자연스럽게 녹일 수 있게 됩니다.

　채널의 특성을 고려하실 때, 장기적으로 광고와의 연계성도 고려하시는 것이 좋습니다. 크리에이터에게 있어 기업과의 콜라보, 브랜디드 콘텐츠를 통한 수익은 큰 부분을 차지합니다. 때문에 기업과 콜라보가 용이한 콘텐츠를 기획하는 것이 수익성을 높이는 방향일 수 있습니다. 여기서 주의할 점은 '콘텐츠의 기획력 등 퀄리티'가 우선되어야 한다는 점입니다. 아무리 광고 협업 영상을 고려한다고 해도 선후 관계가 바뀌어서는 안됩니다. 본인의 캐릭터에 맞지 않는데 광고를 위해 그에 맞는 기획을 한다면, 콘텐츠 자체로서도 실패할 수 있으니까요.

'발가락' 티슈 광고를 공감할 수 있는 부부의 일상에 녹인 영상

남들이 하지 않은 '신선한 공감대'에 집중하라

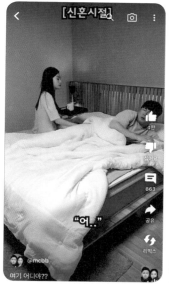 

신혼, 5년차, 10년차 등 시기별 특성을 통해 '신선한 공감대'를 선사한 영상

저희 채널의 가장 큰 강점은 '찐 부부들이 공감할 수 있는 이야기'라고 생각합니다. 특히 '현실 부부 시리즈'의 경우 가장 큰 사랑을 받은 영상인데요. 진짜 부부들만의 경우 무릎을 칠 만한 포인트를 잡는 것이 핵심입니다.

특히 신혼, 5년차, 10년차 부부의 특징을 다룬 시리즈가 인기를 끌었습니다. 예를 들어 남편이 늦게 들어오는 경우, 신혼 부부 때는 '여보 걱정했잖아, 빨리 들어와'라는 애틋함을 보인다면, 5년차엔 '화상아'라며 욕을 먹는 모습을 반영했습니다. 여기서 '우리 애들한테 뽀뽀해야 해'라는 남편의 디테일 등 공감 요소를 많이 넣기 위해 노력합니다. 10년차의 경우, 부인이 찾지도 않아서 더 취해서 나타나는 모습을 그렸습니다. 이렇게 디테일하면서도 공감도가 높은 영상의 경우 역대급의 댓글 반응을 이끌어 냈습니다.

그 밖에도 '집에서는 절대 스킨십을 안 하는 부부가 밖에서의 스킨십에는 짜릿함을 느낀다'라는 내용의 영상의 경우 신선한 공감대를 불러 일으키기도 했습니다. 이처럼 여러 콘텐츠에서 다뤘던 공감대가 아니라, 신선한 공감대가 중요합니다. '아 맞다 맞아'라는 구독자들의 반응을 얻기 위해 항상 많은 고민을 하고 있습니다.

느리기 때문에 사랑받는 콘텐츠가 있다?

저는 콘텐츠의 속도를 느리게 편집합니다. 숏폼 콘텐츠의 경우 대부분 빠른 템포로 제작하게 되는데요. 저희는 오히려 느린 속도가 차별점이 될 것이라 생각했습니다. 예를 들어 '여보 어디 나갈까?'라는 대사를 할 때도 일부러 여백을 두는 느낌으로 연기하고 있습니다. 그리고 편집 과정에서도 역시 전반적인 영상의 속도를 느리게 만들기 위해 노력합니다.

처음 숏폼 채널을 개설하려고 할 때부터 '느림의 미학'을 채널의 개성으로 생각했습니다. 시장조사를 위해 다양한 영상들을 찾아보게 되었는데, 대부분 빠른 템포, 빠른 음악으로 제작한 것을 깨달을 수 있었습니다. 하지만 여기서 중요한 점은 느린 속도에 맞는 기획이 있을 때 시너지가 난다는 점입니다. 저희 채널의 경우, 상황극 포맷을 활용하기 때문에 약간 속도가 느려도 충분히 녹일 수 있는 경우라고 생각합니다. 만약 차별화를 위해 채널 특성에 맞지 않는데도 템포가 느린 콘텐츠를 고집한다면 성공할 수 없을 것입니다. 모든 차별화는 채널과 영상의 특성과 연계되어야 하는 이유입니다.

숏폼 콘텐츠 캐릭터는 시대의 특성을 담고 있어야 한다

초반에 부부의 캐릭터를 어떻게 잡을까 많은 고민을 했습니다. 저는 콘텐츠가 시대의 특성을 잘 담는 것이 중요하다는 생각을 갖고 있는데요. 지금의 시대는 집 안에서 남성이 권한을 강조하는 것이 월권이 된 시대라는 생각을 했습니다. 그래서 남성의 캐릭터는 권위가 땅에 떨어져 있는 남성으로 잡았습니다. 부인에게 잡혀 살고 있고, 눈치 없고, 모자라기에 더욱 잔소리를 듣는 등 영상을 제작할수록 캐릭터는 구체화되어 갔습니다. 그리고 남편 캐릭터 스스로가 더욱 망가지면서 그 지점에서 개그 포인트가 생겨난다고 생각합니다. 부인에게 뺨을 자주 맞는 캐릭터인 것도 보는 분들이 '사이다' 같은 통쾌함을 느낄 수 있게 하기 위해서 기획되었습니다.

이처럼 영상 내 캐릭터를 만들 때 시대상을 잘 고려하는 것이 중요합니다. 결국 대중 문화 콘텐츠이기 때문에 시대상을 고려할 수밖에 없습니다. 그래서 보는 사람들도 공감대와 통쾌함을 느낄 수 있을 것이라 생각합니다.

'영상의 차별쯤' 뿐 아니라 '제작의 효율성'을 동시에 고민하라

〈무철부부〉 채널 영상들의 차별점은 '흑백 화면, 더빙을 통한 개그 요소'라고 설명할 수 있습니다. 이러한 차별점은 영리하게도 제작시 장점이 되기도 합니다. 먼저 흑백 화면의 경우 어떤 환경에서 찍어도 깔끔한 인상을 줄 수 있다는 장점이 있습니다. 예를 들어 쇼파의 색과 바닥의 색 조합이 촌스러울 수도 있는데, 흑백으로 찍으면 어떤 색상의 배경을 찍어도 크게 촌스럽지 않은 효과를 줄 수 있습니다. 여기에 의상의 경우도 크게 신경 쓰지 않아도 되는 장점이 있습니다. 만약 흑백 영상이 아니었다면 코디에도 많은 시간과 노력을 들여야 했을지도 모릅니다. 하지만 어떤 옷을 입어도 영상에 자연스럽게 녹아들기 때문에 상대적으로 시간을 아낄 수 있습니다.

일반인 출연자가 출연해도 충분히 제작을 가능하게 하는 '후시 녹음' 시스템

여기에 더빙으로 영상을 제작하는 점도 연기력을 커버할 수 있다는 장점을 갖고 있습니다. 결국 나중에 더빙은 제가 다 하기 때문에, 연기력이 떨어지는 출연자가 게스트로 출연해도 촬영할 때 크게 문제가 없습니다. 그렇기 때문에 촬영 시간도 획기적으로 단축할 수가 있기도 합니다.

영상의 차별점을 고민할 때, 동시에 촬영/편집 전 과정에서의 효율성과 연계해서 고민하는 것이 좋습니다. 아무리 차별점이 높은 기획이라 할지라도, 제작 전 과정에서 품이 너무 들어가는 영상이라고 한다면 장기적으로 제작하는데 한계가 있을 수밖에 없습니다. 〈무철부부〉 채널이 몇 년간 계속해서 콘텐츠를 생산해 나갈 수 있었던 기반에는 '콘텐츠를 제작하는 과정의 효율성'의 힘이 있었다고 믿습니다. 처음 유튜브를 기획하시는 경우, 이런 부분을 꼭 명심하시길 바랍니다.

숏폼 크리에이터를 시작하려는 사람들에게

숏폼 콘텐츠 크리에이터는 상대적으로 더욱 확실한 자기색을 갖고 있어야 합니다. 세상에 크리에이터는 매우 많습니다. 이러한 현상은 숏폼 콘텐츠가 인기를 끌게 되면서, 크리에이터가 되기 위한 허들이 낮아지게 되면서 더욱 두드러지고 있는 현상입니다. 이제 정말 스마트폰 하나만 있으면 앱 자체의 프로그램만으로도 쉽게 영상을 편집해서 업로드할 수 있는 환경이잖아요. 스스로 엄청 외모가 뛰어나거나, 혹은 특별한 캐릭터를 갖고 있는 것이 아니라면 '나만의 차별화 포인트'가 필요합니다. 저는 개인적으로 숏폼 트렌드가 중요하긴 하지만, 너무 그 트렌드를 따라가는 것을 선호하지 않습니다. 왜냐하면 크리에이터의 특성이 너무 희석될 가능성이 있기 때문입니다. 때문에 숏폼 트렌드를 고려하면서도 본인의 색깔을 명확히 드러낼 수 있는 기획이 필요합니다.

본인 채널만의 구독자 타겟을 고려해서 영상을 기획하는 것이 중요합니다. 저희 채널의 경우 '한국 부부만의 특성'이 채널의 주요 콘텐츠입니다. 저희 콘텐츠는 '대한민국의 수많은 부부'들에게는 유효하지만, 한국을 벗어난 타겟으로의 확장에는 한계가 있다고 생각합니다. 그럼에도 저희가 이러한 채널의 주제를 선택한 이유는 저희 부부의 캐릭터를 잘 녹일 수 있고,

저희가 설정한 타겟들에게 만큼은 크게 사랑받을 수 있다는 자신감 때문이었습니다. 이러한 명확한 타겟팅에 기초한 기획을 이어온 것이 지금까지의 성장을 이룰 수 있었던 이유라고 생각합니다. 그래서 처음 채널을 시작한다면, '내가 타겟을 어떻게 잡고 얼마나 확장하고 싶은지'를 먼저 고민하는 것이 중요하다는 말씀을 드린 것입니다.

　물론 처음부터 너무 완벽하게 하겠다는 생각은 내려 놓는 것이 좋습니다. 콘텐츠를 올리면서 타겟팅에 대한 전략이 변화할 수 있고, 그러면서 좀 더 뾰족한 기획이 나온다고 생각합니다. 많은 크리에이터들이 지치는 이유는 '너무 많은 준비 후 빠른 좌절'입니다. 제 주변에서도 많은 사례들을 봐왔는데요. 처음에는 가볍게 시작하면서 지치지 말고 계속 도전하는 자세가 중요합니다. 그렇게 구독자와 함께 지속적으로 성장해 나가다 보면 어느새 나를 지지하는 많은 팬들과 즐거운 소통을 하는 크리에이터로 성장해 있을 것입니다.

04

독보적인 캐릭터로 사랑받는
글로벌 틱톡 크리에이터 〈MEIN 미인〉

저는 헤어, 커버 메이크업 등 다양한 콘텐츠를 제작하고 있는 〈MEIN 미인〉입니다. 〈미인〉만이 할 수 있는 독보적인 캐릭터와 이를 기반으로 한 영상 제작을 위해 지금도 매일 노력하고 있습니다. 앞으로도 오리지널리티를 통해 전 세계에서 사랑받는 크리에이터가 되는 것이 제 목표입니다.

틱톡 채널 : https://www.tiktok.com/@me__in

내가 숏폼 크리에이터가 된 이유

제 원래 직업은 헤어 디자이너였습니다. 헤어 디자이너로서 저를 어떻게 사람들에게 알려야 할까 고민이 많았습니다. 원래는 사람들이 많은 곳에서 전단지도 돌리고, 길거리에서 헤어 버스킹 등 다양한 방법을 고민했었습니다. 그런데 코로나19로 인해 원래 계획했던 오프라인 위주의 홍보 방법을 실행할 수 없었습니다. 그래서 남은 방법은 SNS 등 온라인을 통한 홍보였습니다. 하지만 유튜브와 인스타그램의 경우 이미 선배 헤어 디자이너분들이 자리를 잡고 있었습니다. 뒤늦게 제가 해당 플랫폼에서 경쟁하는 것은 '레드오션'이라는 판단을 내렸습니다. 그때 틱톡이라는 숏폼 플랫폼을 알게 되었고, 영상들을 보며 연구했습니다. 당시만해도 미용 콘텐츠가 거의 없는 상태였기 때문에 '여기에서 저리를 잡고 최고가 되어야겠다!'라고 생각하여 시작하게 되었습니다.

왜 다들 숏폼에 열광하는 것일까

바쁜 현대사회에서 시청자분들의 경우 1분 1초의 시간도 낭비되는 것을 싫어하는 경향을 갖고 있다고 생각합니다. 그렇다 보니 짧은 영상 속에 핵심 정보를 전달하기 용이한 숏폼 플랫폼들이 각광을 받고 있다고 생각합니다. 짧고 간결해야 하는 숏폼 플랫폼의 특성상 시각적인 자극이나 재미 요소를 압축적으로 보여줘서 시청자들에게 깊은 인상을 남길 수 있다고 생각합니다. 또 유튜브와는 다르게 제작도 훨씬 쉬운 편이라 유행하는 밈(Meme) 등이 생기면 빠르게 따라서 제작하기도 쉬워서 금방 확산되는 것 같습니다.

앞으로는 숏폼 콘텐츠 시장에 기업 등 다양한 투자가 더 진행될 것이라고 예상합니다. 전문적인 기획자, PD 등 다양한 인력들이 유튜브에 유입되면서 영상의 퀄리티가 엄청 높아지고 있잖아요? 저는 이러한 인력들이 결국 숏폼 생태계에도 유입될 것이라 생각합니다. 앞으로 숏폼 콘텐츠도 영상의 퀄리티, 재미 요소 등 모든 분야에서 발전이 지속적으로 이루어질 것입니다. 또한 광고 등 기존 콘텐츠도 점점 모바일 시대에 맞게 세로형 콘텐츠 제작을 확대하지 않을까 생각합니다.

이제 숏폼 마케팅의 시대다

'더 배트맨', '신한은행 머니버스 챌린지' 등 브랜디드 콘텐츠 사례

    최근 틱톡 크리에이터들의 경우 기업들과 브랜디드 콘텐츠를 협업해서 제작하는 비중이 늘고 있습니다. 저도 여기어때, 신한은행 머니버스 챌린지, 더 배트맨(영화), 야놀자 등의 브랜디드 콘텐츠를 제작한 경험이 있습니다. 저의 경우 브랜디드 콘텐츠를 제작할 때 광고주의 만족도를 높이기 위해 많이 고민하는 편입니다. 숏폼 기반의 브랜디드 콘텐츠의 경우 특히나 1초의 순간이 중요합니다. 그래서 저는 사람들의 이목을 끌기 위해 전환효과의 요소들을 넣어서 제작합니다.

    영화 '더 배트맨' 브랜디드 영상의 경우, 14초라는 제한된 시간 안에 다양한 모습을 빠르게 전환하는 영상을 제작해 이목을 사로잡았습니다. 커피 마시는 모습, 배트맨으로 변신하는 모습, 배트맨의 액션 등을 효과적으로 담기 위해 노력했습니다. 이렇게 압축적인 영상의 경우, 시청자들의 눈을 지속적으로 붙들 수 있는 효과가 있다고 생각합니다. 저는 이처럼 브랜디드 콘텐츠를 기획하고 제작할 때 광고주, 소비자, 제 채널의 팔로워 등 모두의 입장을 고려하면서 제작하고 있습니다.

틱톡이 만들어 나가는 새로운 음악 시장

우리나라의 경우 지코의 '아무노래 챌린지'가 본격적인 댄스 챌린지의 시초라고 생각합니다. 최근에 K-POP 가수들에게 있어 숏폼 플랫폼을 통한 '댄스/노래 챌린지'가 매우 활발하고, 이러한 흐름이 틱톡 등 숏폼 플랫폼의 메인 스트림 중 하나라고 생각합니다. 지코의 '아무노래 챌린지'가 이후 엄청난 흐름을 만들어 냈기 때문에 숏폼 콘텐츠에 있어서는 하나의 사건이 아니었나 생각합니다.

해외에서는 미국의 틱톡커 '벨라 포치'의 사례가 가장 인상적인 사례라고 생각합니다. 2021년 5월 'Build a Bitch'라는 곡을 통해 데뷔를 했고, 이후 직접 챌린지를 만들고 이를 수많은 다른 틱톡커들이 따라하면서 바이럴 되어 유튜브 조회수 3.5억뷰를 넘기는 듯 새로운 역사를 만들었다고 생각합니다.

틱톡은 아무래도 음악이 빠지면 안되는 플랫폼입니다. 틱톡 플랫폼 내에서 무명 가수들의 곡이나, 세월이 많이 지난 곡들도 틱톡커들이 어떻게 활용하는지에 따라 재조명 받을 수 있는 기회를 만들어 낼 수 있다고 생각합니다.

〈미인(MEIN)〉 채널을 소개합니다

저는 지금 〈미인(MEIN)〉이라는 채널명으로 크리에이터로 활동하고 있습니다. 물론 계정은 유튜브 쇼츠, 인스타그램 릴스도 갖고 있지만 실질적인 운영은 현재 틱톡만 하고 있습니다. 제 채널의 경우 헤어, 메이크업과 음악과의 융합, 그리고 트랜지션 기반의 콘텐츠를 주로 표현하는 특징이 있습니다. 그래서 화면을 효과적으로 전환하고, 이 측면에서 팔로워들의 시선을 잡기 위해 많은 고민을 하고 있습니다.

제 채널의 주요 타겟은 10~30대 해외 팔로워들입니다. 제 영상이 주로 음악과 트랜잭션을 특징으로 하다 보니, 언어적 요소가 크게 중요하지는 않습니다. 때문에 한국 팬들보다는 해외 팬들이 많이 있는 것이 특징입니다.

원래 영상 카테고리는 '뷰티'였습니다. 주로 헤어 디자이너로서 특징을 살려 변신하는 영상을 주로 제작했었습니다. 틱톡커로서 활동을 하다 보니 커버 메이크업에도 재능을 발견해 관련된 뷰티 영상도 제작 중입니다.

처음에는 헤어 디자이너로서 이름을 알리기 위해 시작한 틱톡이지만, 현재는 음악을 배우며 음악 콘텐츠도 준비 중에 있습니다. 제 채널의 주요 팔로워들이 대부분 미국 등 해외에 있기 때문에 그들에게 어필할 수 있는 음악 관련 콘텐츠를 지속 확대해 나갈 예정입니다. '벨라 포치'의 사례처럼 틱톡을 통해 저만의 음악을 널리 알릴 수 있다면 더할 나위 없을 것 같습니다.

모방에서 오리지널리티까지, 미인 채널의 성장기

채널 운영 초기에는 저도 어떻게 운영해야 할지 막막했습니다. 그래서 틱톡에서 유행하는 밈(Meme)들을 열심히 따라 찍은 기억이 있습니다. 이 경우 조회수가 어느 정도 보장이 되었기 때문에 초기에 많이 활용했습니다.

그러다가 점점 제 전문 분야인 '헤어' 관련 밈들을 변형해 저만의 스타일을 녹이기 시작했습니다. 단순히 따라 했을 때보다 훨씬 더 높은 조회수를 기록하는 것을 경험하면서, 그때부터 트렌드를 저만의 방식으로 녹이는 것이 채널 붐업의 키(Key)임을 깨달았습니다.

지금은 음악 공부 때문에 헤어 디자이너 업무를 잠시 멈춘 상태라 커버 메이크업 콘텐츠에 집중하고 있습니다.

최근에는 밈이나 트렌드를 따지기보다는 좀 더 저만의 오리지널리티에 대해 연구하고 있습니다. 저만의 음악을 만들어서 '노래를 부르면서 원곡자로 변신하는 콘텐츠' 등 다양한 실험적인 콘텐츠를 제작하고 싶습니다.

그동안 많은 성과를 내기도 했지만, 항상 진화하기 위해 노력하고 있습니다. 그것이 치열한 숏폼 콘텐츠 시장에서 크리에이터로서 살아남기 위해 필수적인 요소라고 생각합니다.

가장 인기 있는 소재를 가장 차별적으로 표현하기

제 채널의 구독자 상승에 가장 큰 역할을 했던 영상은 바로 '오징어 게임' 관련 영상이었습니다. 1~2주안에 팔로워 200만명이 수직 상승할 정도로 큰 효과를 봤었습니다. 역시 '오징어 게임'이라는 원작의 인기에 힘입은 부분이 컸습니다. 또한 제 채널의 팔로워 자체가 한국보다는 해외 팔로워들이 많았기 때문에 더 큰 효과를 봤던 것 같습니다. 영상을 만들 당시에 '오징어 게임' 관련 콘텐츠가 너무 많이 쏟아지고 있었기 때문에 저만의 차별화가 필요했었습니다. 그래서 주요 출연자 캐릭터를 커버 메이크업 형태로 제작했습니다. 커버 메이크업 자체는 그렇게 새로운 영상이 아니었지만, '오징어 게임'이라는 소재와 만나니 어떤 콘텐츠보다 재밌고 차별적인 콘텐츠가 될 수 있었습니다. 이처럼 트렌드를 파악하고 나만 강점을 차별화 포인트로 잘 녹여내는 것이 중요하다고 생각합니다. 당시 유명 틱톡커 '쉐리'님이 '진짜 매번 레전드 찍네'라는 댓글을 달았었는데, 그만큼 임팩트 있는 영상을 만들었다고 생각합니다.

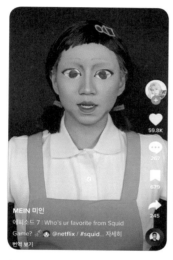

'오징어 게임' 주요 캐릭터를 커버 메이크업 형태로 제작해 세계적인 인기를 얻은 영상

'통보형' 보다 '질문형' 으로 제목을 설정하기

틱톡의 경우에도 제목은 중요한 요소라고 생각합니다. 저는 '통보형' 보다는 '질문형' 제목을 만드는 경우가 많습니다. 예를 들어 팬미팅을 소재로 영상 제목을 정한다면, '팬미팅 준비했다' 등 뭔가를 정해서 통보하는 경우, 팔로워와 소통하는 느낌을 줄 수 없습니다. 때문에 '통보형'보다는 '팬

미팅 하면 와줄 사람?'처럼 팔로워들에게 질문을 해서 더 많은 댓글을 유도하려고 합니다. 해당 영상의 경우 '거기가 어디죠? 제가 가겠습니다', '언제해요? 나도 가야지' 등 질문에 대한 답변이 댓글로 달렸었습니다. 댓글이 많을수록 태그에 추천될 확률이 높아지기 때문에 항상 신경 쓰면서 제작하고 있습니다. 이처럼 틱톡커의 경우, 더 많은 댓글을 유도할 수 있는 질문 설정을 통해 더 많은 노출, 추천을 노리는 전략을 준비해야 합니다.

'질문형' 제목을 통해 노출도를 높인 사례

틱톡커들은 어떻게 돈을 벌까?

틱톡 크리에이터의 일반적인 수익은 '틱톡 크리에이터 펀드', '브랜디드 콘텐츠 등 기업 광고 협업', '그 외 강연 등 기타 활동'으로 정리할 수 있습니다. 저의 경우 브랜디드 콘텐츠를 통한 광고 협업이 주 수입원입니다. 때문에 한 편을 제작해도 많은 고민을 통해 높은 만족도를 주기 위해 노력합니다. 이러한 노력을 해야 지속적인 수익 구조를 만들어 낼 수 있다고 생각합니다. 틱톡의 경우 영상 내 광고를 삽입해서 광고 수익을 공유 받는 구조가 아니라, '틱톡 크리에이터 펀드'를 통해서 좋아요 등 수치를 책정해 일부 수익을 보너스 형태로 지급받게 됩니다.

틱톡 측에서도 지속적으로 수익원을 늘리기 위해 노력하고 있는 중이라, 앞으로 이 부분의 수익도 점차 늘어날 것으로 기대됩니다.

저는 강연을 2번 정도 했었습니다. 이처럼 틱톡커들에게 다양한 추가적인 수입과 기회들이 늘어나고 있기 때문에 미래는 밝다고 생각합니다.

양보다 질! 장기적인 발전을 위한 노력의 중요성

예전에는 하루에 한 개 정도 영상을 업로드하지 않으면, 팔로워가 줄어들까 봐 노심초사하면서 활동을 이어 나갔습니다. 그러나 어느 정도 채널이 성장한 지금, 단순히 양에만 집중하는 것이 답이라고 생각하지 않습니다. 이제 점점 저만의 오리지널리티를 참아서 질 높은 콘텐츠를 팔로워들에게 제공해야 한다고 생각합니다. 결국 오랫동안 크리에이터로서 활동하기 위해서는 경쟁력을 길러야 한다는 것이 제 결론입니다. '다른 채널에서 볼 수 없는 나만의 콘텐츠'가 말은 쉽지만, 정말 많은 노력이 필요하다는 생각을 하고 있습니다. 때문에 최근에는 한편씩 제작할 때마다 좀 더 고민하고 에너지를 쏟고 있습니다. 그래서 음악을 배워 '저만의 노래', '저만의 챌린지' 등 다양한 콘텐츠를 제작하기 위해 공부도 게을리하지 않고 있습니다. 이를 통해 전 세계가 주목하는 키워드, 노래, 콘텐츠를 보여주는 것이 제 꿈이기도 합니다.

누구나 인플루언서가 되는 시대에 결국 나만의 경쟁력이 없는 채널은 오랜 시간 버티기 어렵다고 생각합니다. 아무리 지금까지 성공적인 활동을 이어왔다고 한들, 지금 이 시간에도 창의적이고 재밌는 콘텐츠들이 쏟아져 나오고 있기 때문에 항상 노력해야 합니다.

높은 조회수의 비결! 가장 핫한 음원에 나만의 개성을 녹여라

높은 조회수를 위해 경험을 통해 몇 가지 팁들을 얻을 수 있었습니다. 그중 가장 대표적인 것이 '인기 음원 사용'입니다. 틱톡의 영상들을 보다보면 같은 시기에 따라 같은 음원들이 여러 번 반복되는 경우들이 있습니다. 이는 즉 해당 음원이 현재 가장 트렌디한 음원이라는 것을 의미합니다. 이렇게 많이 사용되고 있는 음원을 사용하는 콘텐츠의 경우 노출이 늘어나 조회수가 급격히 올라가는 특성이 있습니다. 하지만 많은 사람들이 해당 음원으로 영상을 만든다는 것은 동시에 내 영상이 묻힐 가능성이 높다는 뜻이 되기도 합니다. 때문에 해당 음원을 활용한 다른 영상들과는 다른 변형들이 필요합니다. '가장 핫한 음원에 나만의 개성을 녹이기' 이는 지금 틱톡을 시작하는 분들이 바로 실행해야 할 중요한 팁 중 하나라고 생각합니다.

기획력, 독보적인 캐릭터, 현란한 편집 기술! 나만의 무기를 찾아 나가야 하는 이유

틱톡 크리에이터로서 저만의 장점은 차별화된 기획력, 손재주, 그리고 현란한 편집 기술이라고 생각합니다. 저는 제 전문 분야인 미용, 메이크업 관련 콘텐츠를 만들 때 손재주의 도움을 많이 받습니다. 저만의 자신 있는 전문 분야가 있다는 것은 크리에이터에게 큰 무기가 되는 것 같습니다. 하지만 단순히 손재주가 있다고 해도 결국 크리에이터로서 기획력과 편집 능력을 갖추는 것이 중요합니다. 저는 이를 위해 촬영 전 단계에서부터 음악 구간마다 어떻게 촬영하고 편집할 것인지를 세세하게 기획합니다. 그리고 이러한 기획을 뒷받침하기 위해 다양한 편집 효과를 적용하고 있습니다.

'현란한 편집 기술'을 통한 화면 전환 효과가 돋보인 영상

여기에 더해 저만의 독보적인 캐릭터는 결정타가 될 수 있다고 생각합니다. 〈미인〉 채널에서 저는 창의적이면서도, 실력있는 캐릭터를 구축하려고 노력해 왔습니다. 〈미인〉 밖에 못하는 영상을 만드는 것이 중요하다고 생각합니다. 그리고 이때 제 캐릭터를 실제적으로 뒷받침해주는 것이 앞서 말한 기획력, 편집력 등의 요소들입니다.

이러한 나만의 무기들이 합쳐졌을 때 경쟁력 있는 크리에이터로 성장할 수 있다고 생각합니다. 틱톡을 처음 시작하는 분들이라면 나만의 무기들을 찾아 나가는 노력을 하면 결국엔 매일 성장하는 모습을 볼 수 있을 것이라 확신합니다.

눈앞의 수익보다는 장기적인 브랜딩이 더욱 중요한 이유

사실 저는 어느 플랫폼이던 간에 돈을 버는 것보다는 자신을 브랜딩하고 알릴 수 있는 것이 더 중요하다고 생각합니다. 처음부터 돈을 벌기 위해, 돈이 되는 영상에만 집중하기보다는 장기적으로 나만의 브랜딩을 소중히 하는 것을 추천드립니다. 단기적인 돈을 우선시하면 돈이 되는 영상만 만들 가능성이 높아지고, 이는 단기적인 성공을 줄 수는 있지만 장기적인 성공까지 보장하지는 못한다고 생각합니다.

장기적인 브랜딩을 고려하며 활동하다 보면, 자연스럽게 생기는 채널 내 팬덤과 이를 통한 영향력을 통해 다음 단계로 진화할 수 있는 기회들이 생길 수 있습니다.

개인적으로는 틱톡에서도 확실한 자신만의 이야기로 대중의 사랑을 많이 받는 크리에이터들이 많이 생겨나길 바라고 있습니다. 또한 숏폼 크리에이터를 바라보는 시선, 그리고 영향력이 지금보다 더 많이 올라갔으면 하는 소망을 갖고 있습니다.

저뿐만 아니라 모두가 장기적인 계획을 세우고, 나만의 이야기를 콘텐츠로 만들어 나간다면 제가 원하는 세상은 금방 다가올 것이라 생각합니다.

'언니처럼 친근한 기자' 캐릭터로
숏폼 뉴스 콘텐츠의 새 장을 열다 〈기자 언니〉

저는 방송기자이자, 〈기자 언니〉라는 뉴스 숏폼 틱톡 채널을 운영하고 있는 신정은 기자입니다. 틱톡 크리에이터로서 제 캐릭터는 '쉽고 친절하고 유익한 뉴스를 전하는 언니 같은 기자'입니다. 특히 청소년 맞춤 숏폼 뉴스 콘텐츠를 주력하고 있는데요, 이 같은 컨셉이 본업인 기자 생활에도 큰 도움이 되고 있습니다.

틱톡 채널 : https://www.tiktok.com/@giza_unnie

방송 기자가 숏폼에 나서게 된 이유

제가 소속한 언론사(SBS)의 틱톡 계정을 개설하게 되면서 본격적으로 숏폼 콘텐츠 제작을 하게 되었습니다. 2019년 디지털 부서에서 근무할 당시, 틱톡에 뉴스 계정을 개설했습니다. 세로형 숏폼 콘텐츠의 인기가 급부상하는 가운데, 부서에서도 새로운 독자와 플랫폼에 대한 의지가 있었기에 시작하게 되었습니다.

새로 개설한 뉴스 계정이 처음부터 많은 호응을 얻은 건 아닙니다. 채널 개설 초반엔 뉴스 현장의 그림을 15초 분량의 세로 영상으로 편집해 올리는 가장 일반적인 형식을 고집했어요. 하지만 생각했던 것보다 독자들의 관심을 끌지 못했죠. 많은 시간을 들여 틱톡 내 인기 콘텐츠들을 연구하며 끝내 독자와 소통이 용이한 플랫폼이라는 특징을 찾아냈습니다. 화면 뒤 편집자로 머물기보다 직접 나서 프레젠터(presenter)로 활약하며 '기자 언니 또는 누나'와 같은 친근한 캐릭터를 구축할 수 있었습니다.

특히 어려운 시사 용어를 쉽게 풀어 설명하는 데에 집중했습니다. 2020년 당시엔 코로나19 여파로 많은 학생들이 집 안에 머물어야 했습니다. 공적 마스크 구매, 개학 연기, 원격 수업 등 생전 겪어보지 못한 초유의 상황이었죠. 때문에 당시 청소년들은 정확한 정보에 대한 갈증이 높았습니다. 당시 SBS 뉴스 채널의 경우 비말 감염처럼 어려운 단어를 쉽게 풀어서 표현하고, 교육 당국의 복잡한 브리핑 내용을 자세히 해설하는 라이브 방송을 진행했습니다. 독자와 소통을 강화하기 위해 실시간 질문에 답을 하고, 댓글을 읽어주고, 유행하는 효과 등을 적극 활용했습니다. 이처럼 타깃 맞춤형 콘텐츠와 활발한 독자 소통을 통해 많은 호응을 얻을 수 있었습니다.

언론사 특성 상 조직 이동이 잦기 때문에 디지털 관련 부서를 떠나서도 자연스럽게 운영, 직접 관리할 수 있는 〈기자 언니〉라는 채널을 추가로 열었어요. 청소년 관심 이슈를 위주로 다루는 한편, 제 〈기자 언니〉 계정에선 '정은 기자'라는 닉네임으로 불리며 뉴스 제작 과정이나 기자에 대한 궁금증 등 콘텐츠 성격을 조금 달리했어요. 현재는 방송 뉴스 제작과 틱톡 활동을 병행하며 시너지를 내려 하고 있습니다. 틱톡에서만큼은 방송 뉴스에 미처 담지 못하는 형식과 주제에 집중하려 노력합니다. 재난재해 현장에 직접 출동해 실시간 상황을 공유하는 등 틱톡 고유의 문법에 적합한 소재에 집중하고 있습니다.

채널의 주 타깃인 10대들에게 친절하고 쉬운 뉴스를 전달하는 영상

뉴스를 틱톡 콘텐츠로 제작했을 때 무엇이 강점일까

틱톡에선 방송 뉴스를 재가공하는 것보다 틱톡만을 위한 오리지널 콘텐츠로 따로 제작하는 경우가 대부분입니다. 앱 내 편집 툴이 쉽고 편리하기 때문에 제작의 품이 줄었죠. 결과물이 다소 거칠더라도 현장감은 더 극대화되는데요. 이는 뉴스 채널이 활용할 수 있는 틱톡의 큰 강점입니다. 방송과 다르게 고화질이 아니라도 내용 자체 소구력이 있다면 충분히 통할 수 있었어요.

또 수많은 숏폼 플랫폼 중에서 틱톡의 경우, 기성 언론 입장에선 새로운 타깃인 MZ세대를 공략할 수 있다는 게 매력적이었습니다. MZ세대는 기성 언론 매체에 대한 인지도가 상대적으로 낮을 수밖에 없습니다. 새 타깃에 우리 뉴스 콘텐츠가 닿을 수 있는 독자 영역을 넓힐 수 있다는 점도 중요한 강점입니다.

기자로서는 다양한 독자로부터 직접적인 피드백을 받아볼 수 있다는 게 무척 좋았습니다. 방송 뉴스의 경우는 직접적인 소통을 하기에 한계가 있기 때문입니다. 이메일이나 댓글로 독자 반응을 어느 정도 파악할 수 있지만, 사실 기사 내용이나 기자 개인에 대한 피드백은 희박하거든요. 하지만 틱톡을 통해 콘텐츠에 대한 피드백을 바로 받고, 또 이에 맞춰 소통하는 건 이후 기자 생활에 큰 자산이 됐습니다.

정보 전달 콘텐츠는 짧을수록 좋다?

숏폼 콘텐츠는 지속 성장하면서 향후 주요한 콘텐츠 영역을 차지할 것이라 생각합니다. 특히 주목할 점은 숏폼 콘텐츠를 소비하는 연령층이 기존 청소년 중심에서 점차 확대된다는 겁니다. 제 채널 댓글만 봐도 쉽게 체감할 수 있었는데요. 영상의 길이가 길면 쉽게 지루해질 수 있는 건 모든 세대를 아울러 공감하기 때문입니다. 특히 새롭게 바뀌는 정책, 세상을 뜨겁게 달군 이슈 등에 대해 핵심만 알고 싶은 경우 서론이 긴 정보성 콘텐츠는 답답하게 여겨질 수 있죠. 잘 알겠지만, '답답함'은 특히 우리 한국인에게 매우 강력한 동기부여잖아요. 그래서 핵심을 짧고 간단하게 전달하는 콘텐츠의 수요가 점차 높아지는 것도 이 같은 미디어 소비습관을 반영하고 있습니다. 이러한 추세는 시간이 갈수록 강해질 겁니다. 짧은 영상에 한번 익숙해지면, 다시 긴 영상으로 회귀하긴 더 어렵죠. 정보성 콘텐츠도 비슷한 경향성을 지닐 것이라고 생각해요.

기자도 결국 사람이다! '인간미 넘치는 기자' 캐릭터는 강력한 무기가 된다

친근감 높은 캐릭터로 사랑받고 있는 신정은 기자

'콘텐츠 내용을 제외하고 독자들에게 어필할 수 있는 것이 무엇일까'라는 질문에 많은 고민을 했는데요. 제 나름대로는 소통이 핵심이라는 답을 내놨습니다. 영상에 댓글이 달리면 최대한 '하트(좋아요)'를 누르거나 답글을 달고자 노력합니다. 때로는 맥락 없는 악성 댓글이 달릴 수 있는데, 이 경우에도 성심성의껏 답하려고 해요. 기자와 소통하며 피드백을 주고받는 것 자체가 우리 미디어 환경에선 신선한 경험으로 여겨지는 것 같아요. 지난번 태풍 현장에서 피해 상황을 담은 숏폼 콘텐츠에 '태풍이 왔는데 놀러 갔냐?'라는 댓글이 달린 적이 있습니다. 정말 속상한 댓글이죠. 이때 '현장엔 기자뿐만 아니라 정말 많은 스텝들, 직원들이 함께 일을 하고 있습니다. 밤새 취재하고 지금도 경주, 포항 등을 돌며 피해상황을 살펴보고 있습니다. 함께 고생한 동료들에 속상한 마음에 답변 드립니다'라는 댓글을 단 적이 있습니다. 오히려 많은 '좋아요'를 받았어요. 기자도, 독자도 결국 사람인 걸요. 독자와 끊임 없이 소통하려는 진정성이 결국 강력한 무기가 될 수 있을 것이라 생각하고 있습니다.

구독자들의 의견이 대박의 꿈을 이루어 준다?

아이템 선정은 모든 크리에이터들의 고민일 겁니다. 뉴스 콘텐츠를 제작하고 있는 입장에서 '어떤 소재를 숏폼으로 소화할까'는 항상 어려운 숙제죠. 오랜 기간 숏폼 콘텐츠를 제작하면서 타깃 독자에게 사랑받는 소재를 고르는 감각을 기를 수 있었어요. 아무리 뉴스 소재가 많아도, 정작 숏폼 콘텐츠로 제작하기 어려운 날도 있어요. 이럴 땐 인터넷 커뮤니티 등을 참고해 타깃 독자들의 관심 이슈를 파악하고 소재를 정합니다. 또 라이브 방송을 통해 질문을 받는 경우 이른바 '대박 콘텐츠'가 만들어지기도 합니다. 독자들이 궁금해 하는 게 무엇인지 정확히 파악할 수 있기 때문에, 그들이 원하는 소재, 제작 방향에 맞게 콘텐츠를 제작하면 더 큰 호응을 이끌어 낼 수 있고요. 소재에 한계를 느낄 땐 독자에 직접 다가가 답을 얻어보는 걸 추천드립니다.

캐릭터 설정하기 : 친근한 언니 같은 기자

제 채널명 〈기자 언니〉 그 자체입니다. 많은 분들이 기자라는 직업을 어렵고 멀게 여기지만, 틱톡에서 만큼은 친근하게 느끼실 수 있도록 이러한 컨셉을 설정했습니다. 콘텐츠의 방향도 '뉴스를 쉽고, 친절하고, 유익하게 전달한다'로 자연스럽게 잡히게 되었습니다. 크리에이터 개인의 컨셉은 개별 콘텐츠 기획 방향을 정하게 되고, 다시 채널 전체의 방향성으로 이어지는 선순환 구조로 이어지죠. 최근에는 전 세계 곳곳에 '언니'라는 표현이 많이 알려졌죠. 앞으로 더 많은 분들에게 '기자 언니'라는 채널을 소구할 수 있지 않을까 작은 기대를 갖고 있습니다.

촬영부터 편집까지 가장 효율적인 노하우를 찾는 것이 중요한 이유

틱톡에서 촬영, 편집하는 게 익숙하지 않았던 시절을 지나 이젠 제작 시간이 크게 줄었습니다. 촬영, 편집의 과정을 반복하며 최선의 방법을 찾아 나가고 있기 때문입니다. 많은 크리에이터들이 콘텐츠를 지속적으로 제작, 공급해야 하는 고충을 겪을 텐데요, 때문에 지속가능한 시스템을 구축하는 게 중요합니다. 제가 실내 스튜디오에서 찍을 땐 대부분 셀카 모드로 촬영하는데요, 이 경우 더 쉽고 간편하게 틱톡 기능을 조작할 수 있기 때문입니다. 또한 컷이 나눠지는 단락의 경우, 중간중간 틱톡 효과인 '그린스크린' 기능을 통해 그림을 삽입하며 촬영하고 있습니다. 그린스크린뿐만 아니라 보이스오버 등 틱톡의 다양한 기능을 적극적으로 사용하며 제작 과정을 간소화하되 정보를 담는데 최적화시켰어요. 최근엔 가급적 원고를 외워 '원테이크'로 찍고 있습니다. 말도 틱톡의 문법에 맞게 최대한 빠르게, 힘차게 하고 있습니다. 야외에서 촬영할 땐 '저는 지금 00에 나와 있습니다'라는 말을 하는데요. 제 얼굴이 반밖에 안 나오더라도 항상 현장 상황을 충실히 담으려 합니다. 뉴스 채널의 특성에 맞춤한 형식을 마련하기 위해 꾸준히 노력하고 있습니다.

태풍 현장을 배경으로 보여준 현장형 뉴스 콘텐츠

숏폼 크리에이터를 꿈꾸는 사람들에게

틱톡, 쇼츠 등 숏폼 플랫폼의 경우, 이젠 누구나 뛰어들어 도전할 수 있게 되었습니다. '편집 기술이 없는데 할 수 있을까?'라며 우려하는 분들도 많으실 텐데요, 이미 앱 내 편집 기능만으로도 누구나 영상을 뚝딱 만들 수 있는 세상이 되었습니다. 숏폼 크리에이터에 도전하고 싶은 분들에게 '너무 많은 힘 주지 말라, 그리고 겁 먹지 말라'라고 힘주어 말하고 싶습니다. 자칫 진입장벽이 높은 것처럼 느껴지겠지만, 의지가 있다면 일단 시작하는 걸 추천 드려요.

제가 틱톡 채널 운영을 하며 삼은 '쉽고 친절하고 유익한 뉴스'라는 모토가 감사하게도 제 기자 생활 전반을 이끄는 좌우명이 되었어요. 방송도 유력한 플랫폼이지만, 독자를 만날 수 있는 무대는 훨씬 더 넓어졌어요. 빠르게 변화하는 미디어 환경에 나와 잘 맞는 플랫폼을 찾아 브랜드 가치를 쌓을 수 있는 건 큰 자산이 될 겁니다. 사실 틱톡도 여러 플랫폼 중 하나일 뿐입니다. 크리에이터로서 유튜브, 인스타그램, 페이스북, 브런치 등 다양한 플랫폼을 두루 경험하는 것도 추천드립니다. 플랫폼마다 독자 특징이 조금씩 다른데, 본인의 콘텐츠가 어느 플랫폼에서 큰 호응을 얻게 될지는 직접 시도해 봐야 알 수 있거든요. 플랫폼을 넘나들며 이른바 '본캐'와 '부캐' 사이 시너지를 내며 이전엔 상상도 못한 엄청난 경험을 얻게 될지도 모릅니다.

'나만의 무기'를 위해
끊임없이 노력하는 틱톡커 〈나기〉

안녕하세요 저는 틱톡 크리에이터 〈나기〉라고 합니다. 저는 항상 재미 있는 하루를 보내는 것을 좋아하는 사람입니다. 처음엔 별 생각 없이 오로지 저의 재미만을 위해 시작한 틱톡이지만, 이제는 힘든 하루를 보내고 행복하지 않는 사람들을 위해 재미있는 영상과 영향을 주는 콘텐츠를 만들기 위해 그리고 삶의 동기부여를 주기 위해 열심히 틱톡 영상을 제작하고 있습니다. 본명은 최종낙이며, 틱톡 닉네임은 본명의 마지막 글자만 말하면 낙이가 되어 (〈나기〉가 되어) 틱톡 활동명으로 사용을 하고 있습니다.

틱톡 채널 : https://www.tiktok.com/@9292jnjn0

내가 숏폼 크리에이터가 된 이유

평소에 방송, 유튜브 등에 대해 관심이 있었지만 쉽사리 용기를 낼 수 없었습니다. 그 당시 만나던 여자친구가 틱톡 크리에이터로 활동하고 있었습니다. 그 여자친구의 지속적인 제안으로 틱톡을 시작하게 되었습니다. 사실 처음엔 반응이 별로 없었습니다. 그러나 시간이 지나고 제가 올리는 영상에 좋은 댓글들이 달리고 조회수, 좋아요도 하루가 다르게 증가했습니다. 많은 사람들에게 사랑받는다는 느낌이 들어 스스로도 신나는 하루를 보내는 동기부여가 되었습니다. 당시 직장 생활이 너무 힘들어 지친 상태였거든요. 그런 저에게 있어 틱톡은 큰 활력소가 되었습니다. 퇴근 후 틱톡을 촬영할 때 설레임으로 하루를 버틸 수 있었습니다.

'짧은 시간 안에 유익한 정보를 얻어 낼 수 있다는 것'이 숏폼 콘텐츠의 가장 큰 장점

숏폼 콘텐츠의 가장 큰 장점은 '짧은 시간 안에 유익한 정보를 얻어낼 수 있다'라는 점이라고 생각합니다. 따로 시간을 내지 않아도 출퇴근 시간에 편하게 볼 수 있는 것이 숏폼 콘텐츠라고 생각합니다. 아침 뉴스를 보지 않더라도 요즘은 틱톡만으로 유익한 정보를 모두 얻을 수 있는 세상이 되었습니다. 사실 틱톡만 열심히 시청해도 어디 가서 시사상식 관련되어서 꿀 먹은 벙어리처럼 있지 않아도 된다고 생각합니다. 뉴스뿐 아니라 생활 꿀팁, 자취 요리 등 평소에 스스로 찾으려고 노력해야만 얻을 수 있는 정보들을 효율적으로 습득할 수 있습니다.

콘텐츠 이용자 입장에서는 이러한 장점 때문에 더욱더 숏폼 콘텐츠에 빠져들 수밖에 없을 것이라 생각합니다. 때문에 숏폼 콘텐츠의 이용자 연령층은 점점 더 다양해질 것이며, 해당 시장의 크기도 지속적으로 성장할 것이라 생각합니다.

채널명 〈나기〉, 제 채널을 소개합니다

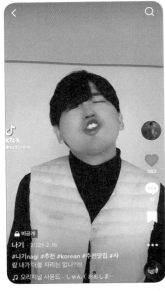

MZ세대들이 가볍게 즐길 수 있는 콩트 형식의 콘텐츠.

제 채널명은 〈나기〉입니다. 처음에 '어떤 채널명으로 정할까'에 대한 고민을 하다가 제 본명인 '최종낙'의 마지막 글자를 활용하게 되었습니다. 어릴 적부터 주변 친구들이 저를 '낙이'라고 많이 불렀었거든요. 저 스스로도 '낙이'라는 별칭에 친근감을 느끼고 있었던 터라 자연스럽게 채널명을 〈나기〉라고 짓게 되었습니다. 〈나기〉라는 채널명은 손쉽게 기억할 수 있을 뿐 아니라, 외국인이 발음하기에도 무리가 없어 더욱더 기억에 많이 남는 것 같습니다.

제 채널은 2020년에 만들었습니다. 채널 초기에는 '특정한 상황 속에서 전과 후의 모습이 달라지는 형태'의 콘텐츠를 주로 제작했습니다. 2021년

도에 반년 정도의 공백기를 갖다가 다시 시작을 하게 되었습니다. 다시 틱톡 영상을 제작하게 되었을 때, 기존과 같은 포맷의 영상을 제작하더라도 뭔가 차별점을 가져가야 한다고 생각했습니다. 그래서 '전과 후의 모습이 달라지는 형태'의 영상을 제작할 때, '반전미'를 포인트로 영상을 제작했습니다. 그 중 하나가 제가 못생겼을 것이라는 인식을 준 후, 배경음악이 달라지면 그러한 인식을 깨는 형태의 영상을 제작한 것입니다. 이렇게 유행하는 포맷에 나만의 특성을 잘 녹이는 것이 중요한 포인트가 된다고 생각합니다.

채널 성장의 히스토리 초기:
유행하는 영상 포맷을 따라해보며 자신감을 얻어라!

저는 틱톡 채널 운영 초기 유행하는 영상들을 열심히 따라했습니다. 그 중 '손댄스' 영상을 따라하며 큰 사랑을 받았었습니다. 특히 해외에서 엄청난 큰 인기를 얻는 콘텐츠였기 때문에, 제 얼굴에 보정 효과를 많이 넣어 외국인처럼 보이도록 노력하기도 했습니다. 사실 당시 인기 있는 포맷을 단순히 차용했던 영상이기 때문에 '인기가 있을까?'라는 생각을 하고 있었어요. 그런데 하루 자고 일어나니 해당 영상이 추천 영상이 되면서 조회수, 좋아요 수치가 급등하게 되었습니다. 사실 이전까지 크게 자신감을 갖지 못했는데 늘어나는 조회수에 따라 제 자신감도 급등했던 것 같습니다.

그 후 상황극, 시트콤 연기, 립싱크 연기 등 유행하는 다양한 포맷의 영상을 저만의 콘텐츠로 제작해 나갔습니다. 립싱크 연기의 경우, 표정으로 감정을 표현하는 것, 분위기에 맞는 컨셉을 준비하는 것, 인기 있는 음원을 사용하는 것 등 저만의 인사이트를 적용했습니다. 다양한 영상을 보면서 이러한 포인트를 적용한 영상들이 추천 영상에 많이 뜨는 것을 발견한 후 적용하게 되었습니다.

이처럼 특히 초기에는 다른 영상을 많이 보고, 따라하면서 틱톡 플랫폼에 대한 이해를 하는 것이 중요합니다. 그러다가 점차 자신만의 색깔을 넣으면서 점차 나만의 콘텐츠를 완성해 나가야 한다고 생각합니다.

채널 운영 초기 유명하는 손댄스, 상황극 연기 등 포맷을 적용한 영상

채널 성장의 히스토리 중기:
크리에이터에겐 '매일매일 업로드'가 중요하다

초기에 몇 개의 영상이 성공하게 된 후, '영상을 매일 업로드'하자는 저만의 원칙을 정하게 되었습니다. 매일 한편씩 업로드하면서 추천 피드에

더 자주 노출될 확률을 높이고, 제 틱톡 채널을 보는 구독자, 시청자들에게도 제 채널을 자주 노출시는 것이 중요하다고 생각했습니다. 이를 통해 제 채널에 방문해 영상을 보는 분들이 늘어났고 팔로워도 지속적으로 늘어나는 효과를 얻게 되었습니다.

결국 히트 영상을 만드는 것도 중요하지만, 결국 성실하게 영상을 주기적으로 업로드하는 것이 중요하다고 생각합니다. 장기적으로 제 채널을 노출시키고, 팔로워들에게도 잊히지 않게 하는 것이 중요하기 때문입니다.

채널 성장의 히스토리 후기: 유행 속에서 '나만의 무기'를 갖는 것의 중요성

매일 콘텐츠를 업로드하면서 '나만의 무기'에 대해 더 많이 고민하게 되었습니다. 아까도 말씀드렸던 '반전미' 등을 통해 임팩트를 주기 위해 노력했습니다. 장면 전환 부분에서 화장 전후의 모습을 보여주고, 할로윈 시즌에 관련 분장을 하는 모습으로 바뀌는 등 임팩트를 주기 위해 최선을 다했습니다. 결국 이런 부분이 저만의 무기가 되어 채널 자체가 큰 사랑을 받는데 결정적인 역할을 하게 되었습니다. 저는 지금도 저만의 무기를 고민하고, 이를 콘텐츠에 적용하기 위해 노력하고 있습니다. 앞으로 또 다시 채널을 성장시키기 위해 '성장기'라는 컨셉을 활용할 예정입니다. 운동 성장기, 댄스 성장기, 보컬 성장기 등 제가 성장하는 모습 자체를 보여 드리기 위해 준비하고 있습니다.

당시 '할로윈 시즌 얼굴 전후' 컨텐츠로 사랑받았던 영상

'얼굴 전후'를 주제로 제작했던 영상

틱톡 채널을 운영하는 크리에이터라면 지금의 성장에 만족하지 말고 지

속적인 무기를 개발해야 합니다. 그것이 장기적으로 크리에이터로서 성장할 수 있는 당연하지만 중요한 포인트라고 생각합니다.

유행을 비틀어 나만의 영상을 제작하다

'성장기' 콘텐츠를 지속적으로 시도하기 위해 준비하고 있습니다. 제가 '성장기'를 주요 컨셉으로 잡은 이유는 '못하는대로 솔직히 보여주는 것' 자체가 좋은 콘텐츠가 될 수 있다고 생각하기 때문입니다. 세상에는 타고난 재능으로 춤, 노래를 잘하는 사람도 있지만, 그렇지 못한 사람들도 많습니다. 실제로 못하는 모습 그 자체를 보여주는 틱톡커분들도 많이 있습니다.

사실 예전에는 잘하는 것만 영상으로 제작해야 한다는 생각을 갖고 있었던 적도 있습니다. 비웃음을 사는 것이 두렵기도 했지만, 크리에이터가 너무 완벽해야 한다는 생각을 갖고 있었던 것 같습니다. 제가 사실 노래, 춤, 운동을 좋아하지만 잘하지 못하는데 그 과정을 솔직히 보여주기로 했습니다. 그리고 그 과정에서 노력하고 발전하는 모습 자체를 응원하는 분들도 많지 않을까 생각하고 있습니다. 현재 '댄스 성장기'라는 재생 목록을 만들어 춤 영상을 업로드하기 시작했습니다. 이제 시작이지만 나중에는 성장한 모습을 보여드리고 싶습니다.

재미 있으면서 따라하기 쉬운 콘텐츠를 제작해야 하는 이유

컨텐츠는 '재미가 있으며 남들이 따라하기 쉽고 보기에도 쉬우면 된다'

라고 생각합니다. 최근 TV 방송, 다양한 디지털 콘텐츠 중 인기를 얻는 콘텐츠는 남들이 따라하기 쉬운 동작이나 유행어가 핵심입니다. 아이돌 가수의 챌린지가 유행하고 있는 것 또한 쉬운 춤, 쉬운 단어, 누구나 따라하기 좋은 동작 때문이라고 생각합니다. 하지만 단순히 쉽기만 한 것이 사랑받는 것은 아닙니다. 여기에 재미의 요소가 추가되어야 합니다. 따라하기 쉬우면서 매력적인 춤 동작을 만드는 것이 어렵지만 그런 춤들이 '댄스 챌린지'로 널리 퍼질 수 있는 춤이라고 생각합니다.

제 콘텐츠에도 항상 이런 원칙을 적용하기 위해 노력합니다. 그리고 이러한 요소를 모두 담았을 때 흔히 말하는 대박 콘텐츠가 탄생하게 됩니다.

영상 기획 후 촬영부터 완성까지

우선 지금 가장 트렌디하고 사랑받는 콘텐츠에 대한 조사를 합니다. 그리고 해당 포맷을 기반으로 제 영상에서는 어떤 카메라 구도, 조명을 쓸지, 어떤 의상을 입고 메이크업을 할 것인지를 결정합니다. 그리고 영상을 구성하고 촬영 순서를 정합니다.

촬영 당일이 되면 미리 구성한 촬영 순서대로 촬영을 진행하는데, 실제 촬영을 하면서 재검토를 하기도 합니다. 틱톡 영상의 경우 컷별로 싱크가 잘 맞는 것이 중요합니다. 그래서 앞 컷과 뒷 컷이 잘 연결되지 않는 경우 만족스러울 때까지 재촬영을 하는 편입니다.

숏폼 영상 기획 시 가장 피해야할 요소

숏폼 콘텐츠는 모든 연령층이 볼 수 있고, 짧지만 유익한 정보를 얻을 수도 있는 콘텐츠입니다. 또한 틱톡커는 어린아이들의 동경의 대상이 될 수도 있다고 생각합니다. 하지만 큰 인기를 얻기 위해 무리해서 자극적인 영상을 올리는 일부 사람들이 있습니다. 너무 많은 노출을 하는 사람, 술 먹방, 담배피는 행동, 사건사고 현장의 피가 보이는 영상들을 시청하면 저절로 인상이 찌푸려지게 됩니다. 이러한 부분이 제일 피해야 하기도 하면서 전체 연령층에서 시청하지 말아야 할 요소라 생각합니다.

07

틱톡은 내 놀이터! 운동과
여행 브이로그, 메이크업,
재밌는 썰까지! 만능 크리에이터 〈쿨언니〉

안녕하세요! 저는 전직 헬스 트레이너, 현재는 틱톡과 유튜브로 활동하고 있는 '이시원'이라고 합니다. 저는 '타투'가 많고 화장이 진해 보여지는 '쎈' 이미지와는 다르게 유쾌하며 애교도 많고 활발한 성격을 가지고 있습니다! 제 성격과 제 이름인 시원을 따서 앞'글자는 쿨, 시청자들에게 조금 더 친근하게 다가가기 위해 뒤에 언니를 붙여 〈쿨언니〉로 활동하고 있습니다.

틱톡채널 : https://www.tiktok.com/@leecool_nolja

내가 숏폼 크리에이터가 된 이유

저는 전직 헬스 트레이너였습니다. 저는 일하는 게 바빠서 SNS나 영상 플랫폼 자체를 접하지 않았던 사람이었습니다. 그러다가 2022년 4월 코로나에 걸리게 되어 자가격리를 하며 심심해하던 와중에 아는 동생이 제가 너무 SNS를 안하고 지낸다고, 시대에 뒤쳐진다며 권유했던 게 인스타그램과 틱톡이었습니다.

사실 틱톡이라는 숏폼 플랫폼은 그날 처음 들어봤어요. 며칠은 보기만 하다가 제가 바디 프로필을 준비하는 와중에 코로나가 걸려서 홈 트레이닝을 하는 영상을 한 번 올려봤는데 첫 영상부터 조회수가 꽤 나왔어요. 그 이후 시작하게 된 것이 틱톡이라는 숏폼 플랫폼입니다. 크리에이터 쪽으로 더 발전하고 싶어 퇴사를 하고 지금은 완전히 크리에이터를 직업으로 하고 있습니다.

숏폼 콘텐츠를 만들었더니 조회수가 12배가 성장했다?

저는 3분 이상의 운동, 직장생활, 혹은 여행 소재의 브이로그를 주로 업로드 했습니다. 광고나 협찬 영상도 항상 1분이 넘어가는 영상들만 제작했습니다. 저는 처음엔 취미로 시작했기 때문에 시청자들이 원하는 포인트가 아닌 제가 올리고 싶은 걸 올렸었거든요. 조회수는 사실 관심도 없었어요. 그러다 크리에이터가 직업이 된 이후는 제가 하고 싶은 것만 고집해서는 성장할 수 없다는 생각을 하게 되었습니다. 그래서 영상 관련 업무를 하고 있는 친오빠에게 물어보고 피드백을 받고 편집도 배우며 변화하기 위해 노력했습니다. 또 다양한 숏폼 콘텐츠를 보면서 성공 사례를 많이 분석했습니다. 이를 통해 운동, 메이크업, 재밌는 썰 등등을 1분 이내로 편집해서 올리기 시작했는데 이전과 조회수가 전혀 다르게 성장했습니다. 제가 하고 싶은 걸 영상으로 담아냈을 때는 제일 잘 나왔던 영상이 10만회 정도 됐었는데, 지금 숏폼으로 올라간 영상 중 제일 잘 나온 조회수는 120만 정도의 조회수가 나오더라구요.

  지인 중 누구나 알 법한 유명한 크리에이터 분이 계신데 제 1분 정도 되는 영상을 보고 그러더라구요. '1분도 너무 길어요. 30~40초 정도로 더 줄여서 편집하세요' 이런 말을 들으니 정말 요즘은 숏폼이 대세구나 하는 것을 피부로 느낄 수 있었습니다.

'브이로그' 포맷으로 제작한 숏폼 영상

제일 좋아하는 분야의 광고 콘텐츠를 제작해야 하는 이유

  그동안 앱, 샴푸 등 다양한 광고 콘텐츠를 제작했습니다. 그 중에서도 제일 기억에 남는 콘텐츠는 '화장품' 관련 콘텐츠입니다. 당연한 이야기일 수 있지만, 제가 화장품에 관심이 많기 때문에 아이디어를 짜고, 제작하는 모든 과정이 수월했습니다. 그 결과 스스로도 더 즐기면서 영상을 제작했고 이러한 마음이 팔로워 분들에게도 전달되지 않았나 하는 생각을 하고 있습니다.

  사실 상대적으로 제가 관심이 적은 분야에서는 아이디어를 짜고, 영상을 기획하는 과정에서 스트레스를 받았던 적이 있었습니다. 그래서 될 수 있으면 본인이 진정으로 좋아하는 분야를 브랜디드 콘텐츠로 제작하는 것이 중요하다고 생각합니다. 이를 통해 광고주와 팔로워 모두가 만족할 수 있는 영상을 제작할 수 있을 것입니다.

가장 좋아하는 분야인 '화장품'을 소재로 제작한 광고 영상

크리에이터는 '콘텐츠' 그 자체로 살아남아야 한다

  사실 채널 운영 초기에는 '타투', '노출' 등의 요소로 어느 정도 주목을 받았던 것 같습니다. 당시 운동 관련 헬스 트레이너 브이로그 영상을 주로 업로드 했었는데요. 아무래도 노출되는 의상과 문신의 조합을 통해 관심을

받은 부분이 있었던 것 같습니다. 제가 원래 운동을 하던 사람이었고, 원래 노출도가 있는 의상을 즐겨 입었었기 때문에 구독을 유도하려는 목적을 갖고 있었던 것은 아니었습니다.

본격적으로 크리에이터를 시작해야겠다고 마음먹은 후, 타투, 노출 같은 요소가 아닌 저만의 차별화 포인트를 기획에 적용해 크리에이터로 거듭 나야겠다는 다짐을 하게 되었습니다. 그때 제가 겪었던 재밌는 일들을 영상에 담아내면 어떨까 생각하여 대본을 짜고 영상을 올려봤는데 기존 영상들보다 조회수도 높고 더 좋아해 주시고 재밌어 하시더라구요. 콘텐츠라는 크리에이터의 본질로서 인정받으면서 더 기분이 좋았습니다.

저는 편집에 있어서도 차별점을 가져가기 위해 노력합니다. 시청자의 입장에서 반복적으로 제 영상을 보면서 조금이라도 지루한 부분을 계속 찾아서 편집하고 있습니다. 이러한 편집 방식을 통해 지루함을 조금이라도 덜기 위해 노력하고 있습니다.

외모는 쎈 언니, 하지만 알고 보면 귀엽고 친근한 언니

사실 제 외모와 타투 등 때문에 평소에도 쎈 이미지를 갖고 있다는 생각을 하고 있습니다. 그래서 다가가기 어렵다거나 무서운 이미지로 많이 비춰지고 있습니다. 어쩔 수 없이 영상 속 제 이미지도 겉모습으로는 '쎈 언니'로 비춰질 수밖에 없는 것 같습니다. 하지만 단순히 쎈 언니의 캐릭터만으로는 매력적인 캐릭터라고 할 수 없다고 생각합니다. 그래서 저의 캐릭터를 '외모는 쎈 언니, 하지만 알고 보면 귀엽고 친근한 언니'로 잡게 되었습니다. 물론 이 모습은 실제 제 모습과 일치하는 모습입니다. 그래서 캐릭터를 설정했다기보다는 보여지는 이미지와 다른 저의 솔직한 모습을 영상에 담기 위해 노력했습니다.

뭔가 상반되는 모습들 자체가 매력적으로 다가가게 되면서 제 캐릭터 자체가 사랑받는 계기가 된 것 같습니다.

'외모는 쎈언니, 하지만 알고 보면 귀엽고 친근한 언니'의 모습을 보여주는 영상

주짓수 전문 크리에이터 〈짧짓수〉
유튜브 일반 영상과 숏폼 영상을 함께 운영하는 법

'모두가 주짓수를 즐겁게 하기를!'

안녕하세요 주짓수 유튜브 크리에이터 〈짧짓수〉라고 합니다. 저는 제가 즐겨왔던 주짓수를 여러 사람들과 나누기 위해 채널을 만들었습니다. 주짓수를 모르는 사람, 주짓수를 즐기는 사람, 전문적으로 주짓수를 하는 사람 등 모든 사람들이 즐길 수 있는 채널을 목표로 열심히 달리고 있습니다.

유튜브 채널 : https://www.youtube.com/@shorts-bjj/channels
인스타그램 : https://www.instagram.com/shorts_bjj/

내가 숏폼 크리에이터가 된 이유

기존의 운영하는 채널을 좀 더 효과적으로 홍보할 수 있는 콘텐츠로서 '숏폼 콘텐츠' 포맷이 매우 효과적이라고 생각했습니다. 유튜브 채널에 시청자를 유입시키는 방법 중 최근에 가장 핫한 방법으로 '유튜브 쇼츠' 포맷을 활용한 영상 제작이라는 생각이 들었습니다. 스마트폰의 활용이 일상화되면서, 스마트폰 화면의 세로 화면 비율에 익숙해진 사람들이 많아진 점, 좀 더 짧고 핵심적인 정보를 얻고 싶은 사람들이 많아진 점을 고려해봤을 때 유튜브 쇼츠 제작이 채널 성장에 도움이 될 것으로 판단했습니다.

숏폼 콘텐츠의 가장 큰 장점은 제작 편의성!

숏폼 콘텐츠의 가장 큰 장점은 제작의 편의성이 뛰어나다는 것입니다. 1분 내외의 세로형 콘텐츠로 대부분 생산되는 숏폼의 특성상, 촬영이나 편집에 소요되는 시간이 매우 짧다는 장점이 있습니다. 또한 콘텐츠의 용량이 작고 가벼워 타인에게 공유하기도 매우 쉽기 때문에 콘텐츠의 확산이 매우 용이하다는 장점이 있습니다.

유튜브 채널의 구독자 유입을 위해 쇼츠에 영상을 업로드하는 이유

제가 주로 업로드하는 플랫폼은 유튜브 쇼츠입니다. 제가 운영하는 채널에 메인 영상은 운동 방법이나 기술을 강의하는 내용을 담고 있습니다. 따라서 유튜브 채널에 구독자를 유입시키기 위해, 시청자들이 유익하다고 느낄만한 부분을 짧게 재편집하여 숏폼으로 만들어 업로드하고 있습니다.

틱톡은 이용자들의 연령대나 취향이 춤, 노래 등에 좀 더 밀접하다고 생각하며, 인스타그램은 해당 사용자의 일상을 담는 콘텐츠가 많았고, 유튜브 쇼츠는 좀 더 포괄적이면서도 채널의 정체성을 잘 살리는 콘텐츠가 많다는 생각이 듭니다.

주짓수 전문 크리에이터 〈짧짓수〉입니다

현재 저는 브라질리언 주짓수 전문 채널인 〈짧짓수〉를 운영하고 있습니다. 해당 채널은 유튜브 영상과 쇼츠 업로드를 주로 하고 있으며, 보조적으로 인스타그램을 활용하여 사진과 릴스 영상도 업로드하고 있습니다.

주짓수는 일본의 유도에서 파생되어 브라질에서 체계화된 호신무술로 주먹이나 발을 이용한 타격 없이 상대방을 제압하는 것을 목적으로 합니다. 따라서 제 채널의 주요 특징은 현재 주짓수 업계에서 활동하시는 유명 선수나 지도자분들을 초청하여 그분들이 강의해주시는 기술을 영상으로 담는다는 점입니다.

메인 영상에서는 기술 강의를 파트별로 나누어 업로드하고, 쇼츠는 그 영상에서 가장 중요한 부분만을 재편집하여 업로드하고 있습니다.

제 채널의 주요 타겟은 현재 주짓수를 수련하고 있는 분들을 타겟으로 하고 있으며, 특히 주짓수 초보자들보다도 어느 정도 경험이 있는 숙련자들을 대상으로 하고 있습니다. 영상의 주요 카테고리는 대부분이 기술 강의와 주짓수 대련으로 이루어져 있습니다.

기술 강의의 경우 기술을 강의해주시는 지도자분의 설명을 충실히 담고 있으며, 대련 영상은 배경음악을 입혀 가볍게 볼 수 있도록 제작했습니다.

스스로 배우고 싶어 만든 채널, 이제는 다양한 구독자와 함께 성장하는 채널이 되다

〈짧짓수〉 채널을 만들게 된 계기는 제 스스로 주짓수 기술을 배우고 복습하는데 한계를 느낀 것이 가장 컸습니다. 매일 체육관에서 배운 기술을 기억하기에 너무 힘들어서 언제든 복습할 수 있게 저장할 수 있는 플랫폼이 있으면 좋겠다고 생각했는데, 저와 같은 고민을 하는 수련생이 많아서 시작하게 된 것이 현재에 이르게 되었습니다.

채널 초기에는 주로 저와 제 동료가 연습하는 영상을 주로 업로드하였고, 중기에는 좀 더 전문성이 있는 저희 관장님이 수업하시는 모습을 담기 시작했습니다. 현재는 저희 관장님과 더불어 여러 선수나 지도자분들과 소통을 하면서, 그분들께 수업을 부탁드리고 그 수업을 콘텐츠로 제작하는 것이 추가되었습니다. 더불어 제가 좋아하는 해외의 유명 선수의 하이라이트도 제작하고 있습니다. 채널의 주요 타겟층은 큰 변화가 없으나, 우리나라 주짓수 수련자 뿐만 아니라 해외 주짓수 수련자들도 보고 연습할 수 있게 제목에 영어를 추가하고 있습니다.

최근에는 주짓수 계에서 유명한 국내 선수들을 섭외하여 인터뷰하거나 기술을 설명하는 영상을 짧게 만들어 꾸준히 업로드 중입니다. 핵심적인 부분을 담으려 노력하다 보니 주짓수를 수련하시는 분들은 꾸준히 시청해주고 계시며, 이에 따라 조회수가 가끔 구독자수를 훨씬 상회하여 찍히는 경우도 많습니다.

아무래도 영상을 편집하는 프로그램이 무료 배포용이다 보니, 영상 화질이 고성능 화질로 출력되지 않는 점이 아쉽습니다. 따라서 최근에는 더 퀄리티 높은 영상을 만들기 위해 어도비 프리미어 프로를 활용하여 제작하려고 합니다. 또한 영상의 소리도 스마트폰으로 촬영하다 보니 볼륨이 약한 경우가 많았는데, 핀 마이크나 외부 마이크를 활용하여 소리가 또렷하게 들리도록 노력하고 있습니다.

또한 채널 특성상 내가 주인공이 되지 않다 보니, 선수나 지도자들의 섭외에 있어서도 시간과 자본을 투자해야 하는 점도 아쉽다고 생각합니다. 물론 이 부분은 점차 성장하면서 해결될 것으로 생각됩니다.

유명한 선수들의 기술을 설명하는 영상

높은 조회수를 원한다면 채널의 주 타겟을 공략하라

브라질의 유명한 주짓수 선수가 술집에서 총을 맞고 사망한 사건이 있었습니다. 저는 그 소식을 듣고 평소 팬인 관계로 헌정 하이라이트 영상을 만들었습니다. 높은 조회수를 목표로 만든 영상은 아니었지만, 당시의 이슈와 맞아떨어져 조회수가 급상승했고 덕분에 구독자수도 크게 늘어났습니다.

유튜브 플랫폼의 특성상 조회수가 터지는 영상들은 '유사성'과 '최신성'이 중요하다고 생각하는데, 제 채널을 크게 발전시켰던 영상의 경우 당시 주짓수 계에서 사람들이 큰 충격을 받았던 소식과 맞추어 업로드되었던 점에서 최신성이 높았습니다. 더불어 그 소식이 이슈가 되면서 타 유튜버들도 영상을 제작했기에 '유사성' 측면의 알고리즘도 어느 정도 영향을 받았다고 생각합니다.

일타쌍피! 한번의 촬영으로 두가지 포맷 모두를 제작하라

촬영은 제가 가지고 있는 갤럭시 스마트폰으로 촬영하며, 편집을 할 때에는 '비디오프록 브이로거'라는 프로그램을 활용합니다. 촬영의 경우는 최대한 강의 실황을 담으려고 노력하고 있으나, 아직은 미숙한 부분이 많은 상태입니다.

다만 최근 기존에 사용하던 프로그램의 한계가 명확하여 '어도비 프리미어 프로'를 통해 편집하는 기술을 공부하고 있는 중입니다. 또한 촬영을 할 때에도 좀 더 깨끗한 화질의 영상을 찍기 위해 성능이 더 좋은 폰이나 카메라로 바꾸려고 계획 중입니다.

지도자나 선수가 수련생들 앞에서 직접 시범을 보이며 수업을 하는 모습을 찍기 때문에, 현장감 측면에서는 좋다고 생각합니다. 수련생들의 반응을 실시간으로 관찰하면서 수업자의 피드백도 즉각적으로 촬영할 수 있는 점은 차별화된 포인트라고 봅니다.

또한 숏폼과 일반 영상에 모두 적용될 수 있는 구도로 촬영을 하기 때문에, 편집에 들어가는 시간과 노력을 아낄 수 있는 점도 강점이라고 생각합니다. 저는 유튜브 일반 영상과 숏폼 영상을 동시에 만들고 있는데요. 촬영 시 양 포맷을 모두 고려해서 효과적인 업로드를 하기 위해 노력하고 있습니다. 이를 통해 인스타그램과 유튜브 쇼츠에 최대한 빨리 업로드할 수 있습니다.

구독자의 사랑을 얻기 위해 꾸준한 분석이 중요한 이유

구독자들과 꾸준히 소통하는 것이 중요한 것 같습니다. 또한 영상분석을 꾸준히 하여 사람들의 니즈를 충족할 수 있는 포인트를 잡아내는 것이 중요하다고 생각합니다.

유튜브 기준으로는 숏폼을 통해 유입시킨 구독자들이 좋아할 만한 메인 영상이 제일 중요하다고 생각되며, 커뮤니티 탭을 활용한 구독자 이벤트 등을 기획하는 등 다양한 구성으로 운영하는 것이 좋다고 생각합니다.

또한 숏폼의 경우 제작에 소요되는 시간이 짧은 만큼, 일정한 기간을 두고 꾸준히 업로드하는 것이 중요한 요소라고 보고 있습니다.

숏폼만 제작하는 것보다도 유튜브에 있는 커뮤니티 탭을 같이 활용하면 더 좋다고 봅니다. 이를 통해 구독자들이나 시청자들이 원하는 컨텐츠를 제작하기 쉽기 때문입니다.

또한 틈틈이 유튜브 채널 분석 탭에서 구독자들의 성별, 연령, 시청 시간대 등을 파악하여 업로드 시간과 영상 길이를 조절하는 것도 중요하다고 생각합니다.

숏폼 콘텐츠 기획시 '채널의 정체성 반영'이 중요한 이유

영상미, 배경음악 등 눈과 귀를 즐겁게 하기 위한 편집을 적용한 영상

숏폼 콘텐츠 기획에서 가장 중요한 요소는 채널의 정체성이 잘 들어간 임팩트 있는 영상이라고 생각합니다. 즉, 메인 채널에 구독자를 유입시킬 수 있도록 적절한 호기심을 끌 수 있는 영상이 되어야 한다고 봅니다.

또한, 단순히 호기심만을 끄는 것이 아닌, 제 채널에서 추구하고자 하는 핵심가치가 어느 정도 반영되어야 그 효과가 증대되는 것 같습니다.

마지막으로는 짧게 만드는 영상인 만큼 눈과 귀가 즐거울 수 있도록, 영상미, 배경음악 등도 신경 써서 선정하여 적절하게 편집하는 것이 필요하다고 생각합니다.

좋은 영상 기획을 위해서는 항상 연구해야 한다

콘텐츠 아이디어의 경우 저와 동일한 분야의 해외 유튜브나 뉴스, 잡지 등을 통해 소스를 얻고 거기에 제가 다루고 싶은 주짓수 기술이나 이론 등을 추가해서 얻고 있습니다.

스포츠 분야의 경우는 영상을 만드는 시점에서 가장 최근에 열렸던 세계대회와 관련된 영상을 찾는 편입니다. 이를 통해 센세이션한 기술이나 전략 또는 그런 선수를 찾을 수 있도록 꼼꼼히 검토합니다.

다만 주짓수는 진입장벽이 상대적으로 높은 편이기 때문에, 주짓수를 모르는 사람도 알 수 있는 주제를 다루고자 노력하고 있습니다.

저와 비슷한 주제를 다루는 채널들을 구독하면서 그 채널의 영상들을 보면서 아이템을 얻는 경우도 많습니다. 제가 생각하지 못했던 부분을 영상으로 제작하시는 분들도 많기 때문입니다. 그 과정에서 그분의 영상 아이템을 사용하고자 할 경우는 댓글이나 메일 등으로 동의를 구하고, 영상에는 꼭 출처를 명시하려고 노력하고 있습니다.

나만의 차별화 포인트는 좋은 무기가 된다

제 영상의 경우 주짓수 수업의 핵심을 최대한 잘 담아내기 위해, 오프라인으로 진행하는 수업과 더불어 촬영을 진행하고 있습니다. 오프라인으로 원데이 주짓수 클래스를 신청을 받은 후, 그 수업의 영상을 만들어 쇼츠로 만들고 있습니다. 즉, 오프라인과 온라인이 동시에 진행하는 것이 차별점이라 볼 수 있겠습니다.

더불어 이 수업을 다양한 촬영 방식을 도입하여 하이라이트, 기술 수업, 수업 후 인터뷰 등의 컨텐츠로 쉽게 변환이 가능한 것도 차별점이라고 생각합니다. 유튜브라는 동영상 기반 플랫폼에 맞는 컨텐츠로 변화시키기 위해 노력하고 있습니다.

또한 사진 촬영도 병행하여 오프라인 참가자들에게 인스타그램 업로드를 위한 컨텐츠도 제공하고 있습니다.

채널 내 캐릭터에 따라 영상 기획의 방향이 달라지는 이유

영상 촬영자 및 편집자로서 포지션을 잡고 있습니다. 또한 주짓수 대련을 진행할 때, 영상에서 다루었던 기술을 당해보는 역할을 맡는 경우가 많습니다. 또한 수업을 진행하신 선수나 지도자님이 얼마나 강력한지 당하는 역할로도 포지션을 잡고 있습니다. 이러한 채널 내 역할 때문에 영상 기획의 틀도 달라지는 것 같습니다.

앞으로는 인터뷰를 진행하는 리포터로도 캐릭터를 잡아 더욱 풍부한 컨텐츠를 만들고자 기획 중입니다. 이를 통하여 사람들이 좀 더 공감할 수 있는 인터뷰를 진행하고자 합니다. '인터뷰를 진행하는 리포터'라는 캐릭터를 강조하게 되면, 영상 기획이 자연스럽게 정보 전달형으로 제작될 것이라 생각합니다. 이처럼 채널 내 캐릭터의 방향성에 따라 영상 기획의 방향도 함께 달라지기 때문에 여러 가지 고민을 하고 있습니다.

숏폼 영상 기획 시 피해야 하는 것들

짧은 숏폼 영상이더라도 채널의 정체성과 핵심가치가 잘 드러나야 한다고 생각합니다. 정체성과 핵심가치에서 크게 벗어난 영상의 경우는 지양해야 한다고 봅니다.

또한 이슈몰이를 위한 영상, 의도적으로 불편함이나 불쾌함을 조장하는 영상도 가장 피해야 한다고 생각합니다. 과도한 선정적인 영상이나 콘텐츠 없이 호기심만 유발하는 자극적인 숏폼은 피할 필요가 있다고 생각합니다. 그러한 숏폼의 경우 시청자는 많지만 채널의 가치를 떨어뜨리기 때문입니다.

무조건적으로 다른 사람의 컨텐츠를 차용하는 것도 위험한 요소입니다. 컨텐츠를 비슷하게 만들 수는 있겠지만, 자신의 핵심가치나 특성을 반영한 숏폼을 추구해야 한다고 생각합니다.

09

하고 싶은 거 다 하고 살고 싶은
크리에이터, 〈렛츠교우〉

'하고 싶은 거 다 하면서 살고 싶은 크리에이터! 안녕하세요 저는 유튜브에서 〈렛츠교우〉라는 채널로 활동하고 있는 구교우라고 합니다. '하고 싶은 것은 다 하고 살자'라는 저의 인생 가치관에 맞게 유튜브 운영을 도전하기 시작했고 그 후 하루하루 매우 즐겁게 보내고 있습니다. 그래서 채널명도 렛츠고(Let's go)에서 저의 이름인 교우를 합성하여 〈렛츠교우〉라고 지었습니다. 여러분도 저와 함께 렛츠교우!!*

유튜브 채널 : https://www.youtube.com/@Lets_gyowoo

내가 숏폼 크리에이터가 된 이유

원래 영상 제작하는 것에 관심이 있어서 편집 공부도 하고 연습 겸 올려보자는 가벼운 생각으로 시작한 유튜브였기에, 초기에는 신경 쓰지 않고 많은 사람들이 하는 프레임인 긴 영상 위주로 제작했습니다. 그런데 아무리 연습이라고 생각해도, 조회수를 무시 안 할 수가 없더라고요. 영상 제작에 투자한 시간에 비해 조회수가 잘 나오지 않아 많은 고민을 하고 있던 찰나, 세로로 된 1분가량의 짧은 동영상이 인기를 끌어 '한 번 도전해 봐야겠다'라고 생각했습니다. 그 후 숏폼 위주로 올리는 크리에이터가 되었습니다.

숏폼 크리에이터가 되고 느낀 점은 숏폼 콘텐츠가 갖고 있는 장점이 매우 많다는 점입니다. 일단 확산이 엄청 빠르다는 게 가장 큰 장점인 것 같아요. 저 역시 구독자 500명 정도 유지하다가 갑자기 쇼츠(Shorts) 영상 하나가 확 떠버려서 많은 사람들이 좋아해 주셨어요. 1분 미만의 영상이다 보니 제작하는데 부담도 없고, 시청자들 역시 편하게 볼 수 있기 때문에 전파 속도가 빠른 것 같습니다. 또한 새로운 미디어 시장 속에 발맞춰 숏폼은 딱 맞는 콘텐츠인 것 같아요. 아무래도 스마트폰과 매일 일과를 함께하면서 언제 어디서든 세로 규격에 맞게 콘텐츠를 즐길 수 있기 때문에 다른 것들과 차별화된 장점이라고 생각합니다. 점점 편성표를 보며 TV 앞에 원하는 프로그램이 나올 때까지 기다릴 필요가 없어졌고, 시·공간의 제약 없이 자신이 소비하고 싶은 콘텐츠를 골라볼 수 있게 된다는 것이죠.

내가 숏폼 콘텐츠 크리에이터로 활동하는 이유

틱톡, 인스타그램 릴스, 유튜브 쇼츠 등 다양한 플랫폼들이 숏폼 콘텐츠에게 얼마나 신경 쓰는지 눈에 보여요. 유튜브만 해도 쇼츠 크리에이터들을 위한 디너 파티, 영상 제작금 등 크리에이터를 위한 나름의 혜택들을 제공하고 있습니다. 또 이제는 지하철, 버스 등 대중교통에서도 사람들은 긴 영상보다 숏폼 영상들을 더 많이 시청하고 있는 것 같아요. 굳이 말하지 않아도 숏폼 콘텐츠의 대세감은 지하철을 타면 피부로 느낄 수 있습니다. 특히 1020세대의 경우, 대부분 세로형 숏폼 콘텐츠를 넘기면서 즐기는 모습을 많이 목격할 수 있습니다.

다양한 플랫폼들이 있지만 저는 '유튜브 쇼츠'만 업로드하고 있습니다. 처음부터 유튜브에서만 영상 제작을 하고 싶기도 했고, 또 알고리즘으로 확산 속도가 빠르기 때문에 영상을 업로드하고 있는 것 같습니다. 또한 유튜브는 숏폼 뿐 아니라 업로드하고 싶으면 긴 영상도 자유롭게 올릴 수 있다는 장점도 있기 때문에 좋은 것 같습니다.

숏폼 콘텐츠의 미래를 예측해 본다면 우선 새로운 뉴미디어로서 점점 사람들에게 미치는 영향력이 점차 커져갈 것이라 생각합니다. 또한 사람들은 더욱더 빠르고 편리하게 보고, 듣고, 경험할 것을 찾을 겁니다. 이러한 것들을 충족시킬 수 있는 것이 숏폼이기 때문에, 앞으로 마케팅 수단 또는 크리에이터들까지도 좋은 해결책이 될 수 있습니다.

이렇게 숏폼 콘텐츠의 현재 대세감, 그리고 빠른 확산 속도, 미래에 대한 기대감 등 크리에이터로서 숏폼 콘텐츠를 제작하지 않을 이유가 없다고 생각합니다. 그래서 앞으로도 더 많은 숏폼 콘텐츠를 연구하고 기획, 제작해 나갈 생각입니다.

〈렛츠교우〉 채널을 소개합니다

유튜브 채널명 〈렛츠교우〉를 운영하고 있습니다. 채널 초기에는 〈교우 TV〉이었는데, TV 채널처럼 프로그램 인트로와 광고를 삽입하여 하나의 방송국 형식으로 진행하려고 했습니다. TV 방송사들도 여러 방송 프로그램이 있는 만큼 〈교우 TV〉에도 있다는 것을 어필하려고 했습니다. 그러다가 흔하고 기억에 남는 이름이 아닌 것 같기도 해서 '렛츠고+교우'를 합성하여 〈렛츠교우〉로 채널명을 짓게 되었습니다. 뭔가 활기차고 밝은 느낌을 주기도 하고 제가 추구하는 인생 가치관과 비슷하거든요. 영상 업로드는 유튜브만 하고 있습니다. 어렸을 때부터 성대모사 및 상대방의 특징을 잘 잡아낸다는 칭찬을 자주 듣곤 해 강점을 살려 패러디 및 공감 위주의 영상들을 제작하는데 중점을 두고 있습니다. 요즘 쇼츠에 많이 보이는 '유튜버 패러디'라는 컨텐츠가 있는데, 확산 속도가 빠른 숏폼의 특징을 이용하여 사람들에게 많은 공감을 주고 있는 것 같습니다.

원래 사람들 앞에서 웃기는 걸 좋아했고, 프로그램 연출 쪽에도 관심이 있어서 유튜브를 시작하게 되었습니다. 초기에는 그냥 '하고 싶은 거 올리자'라고 생각해 조회수를 신경 쓰지 않고, 먹방, 노래 등 다양한 것들을 영상으로 제작했습니다. 하지만 마냥 신경 안 쓰일 수는 없었죠. 영상 제작에 투자한 시간에 비해 조회수와 관심도가 현저히 낮았기 때문입니다. 그래서 확산 속도가 빠른 유튜브 쇼츠 영상을 주력으로 올리기 시작했고, 현재는 패러디나 요약 등 다양한 타겟층들이 공감할 만한 콘텐츠를 제작하고 있습니다.

'유튜브 쇼츠 패러디'라는 새로운 기획으로 알고리즘신의 선택을 받다?

'요즘 쇼츠에 많이 보이는 유튜버 5명 쇼츠로 패러디하기' 영상의 경우 제 채널을 성장시키는데 가장 큰 영향을 미친 영상 중 하나입니다. 평소 성대모사나 상대방의 특징을 잘 살린다는 말을 들은 저는 여러 패러디를 생각해보다가 '왜 유튜버 패러디는 없을까?'라고 떠올랐습니다. 처음에 올렸을 때는 평소처럼 관심이 미비했는데, 업로드하고 한 달 뒤부터 조회수가 서서히 오르더니 순식간에 구독자가 천 명, 만 명까지 달성하게 되었습니다. 정말 신기하기도, 당황하기도 했습니다. '알고리즘을 한 번 타면 이렇게 되는구나'를 몸으로 직접 느꼈었고 그동안 노력들에 대해 보상을 받는 느낌이었습니다.

'유튜브 쇼츠 패러디'라는 새로운 기획으로 사랑 받았던 영상

숏폼 콘텐츠 기획의 가장 중요한 요소는 '공감'이다

숏폼 콘텐츠를 기획하는데 있어 가장 중요한 요소는 공감이라고 생각합니다. 방대한 숏폼 콘텐츠들이 많기에, 사람들은 자기가 모르는 것이나 관심없는 콘텐츠들은 휙 넘기곤 하는 것 같아요. 저 역시 그렇고요. 단 몇 초 안에 결정나는 싸움이기 때문에, 긴 영상을 제작하는 것보다 공감할 수 있는지에 대해 먼저 생각하고 기획하는 것 같습니다. 즉, 숏폼 콘텐츠 특성상 몇 초

안에 시청자들을 사로잡아야 하기 때문에 영상을 보고 공감과 호응을 이끄는 것이 가장 중요하다고 생각합니다. 똑같은 영상을 봐도 공감이 가면 자신과 빗대어 영상을 바라볼 수 있어서 더욱 재밌어지는 것 같습니다.

'진짜 공감돼요' 제 채널을 보며 시청자들이 많이 말씀해주시는 말입니다. 요즘 숏폼 트렌드를 잘 파악하고 이를 영상에 잘 담아내는 것도 차별점이라고 생각하지만 저는 이러한 점들이 다 공감을 기반으로 한 것이 아닐까 생각합니다.

저는 기획 아이디어를 위해 일상생활을 하다가 생각나는 것이 있으면 되도록 메모하는 편입니다. 특히 자기 전 새벽에 휴대폰 할 때가 제일 많은 아이디어가 탄생하는 것 같습니다. 또한 시간이 날 때는 '유튜브 쇼츠' 콘텐츠를 그냥 무한정으로 넘깁니다. 넘기다 보면 중복되는 유튜버나 콘텐츠가 나오곤 하는데, 그런 영상을 참조해 영상을 제작하기도 합니다.

일상 속 공감 포인트를 잘 살린 숏폼 콘텐츠

높은 조회수를 위한 나만의 노하우

저는 최신 숏폼 트렌드를 공략하기 위해 노력합니다. 아무래도 유행이 있는 콘텐츠는 제 채널로서의 유입도 쉬울 뿐 아니라 조회수 역시 상승할 가능성이 높기 때문입니다. 솔직히 재미만 있으면 힘든 것 같아요. 저 역시 그랬는데요, 채널 초기에는 저를 아는 주변 사람들이 재밌고 극찬한 영상들도 그 당시 트렌드가 아니면 사람들은 보지 않았습니다. 시청자들 정말 냉정하기 때문에, 시청자들이 무엇을 원하는지 파악한 후 그것을 콘텐츠로 제작하여 유입시키는 것이 가장 중요하다고 생각합니다. 입장을 바꿔보면 저 역시 시청자 관점에서 볼 때, 최근 유행하고 재밌는 영상을 찾지, 재미만 있는 영상은 선호하지는 않을 것 같습니다. 어쨌든 최근 트렌드를 중심으로 콘텐츠를 기획하고 더 나아가 공감까지 얻을 수 있게 하려고 노력합니다.

패러디 전문 유튜버가 영상을 촬영, 편집하는 법

저는 제 캐릭터를 '패러디 전문 유튜버'라고 생각합니다. 애초에 저는 성대모사나 상대방의 특징을 살려서 웃기는 것을 좋아했기 때문입니다. 그렇다고 다 따라한다는 건 아니고, 저의 끼와 상대방의 특징을 잘 조합하는 것을 제일 중요한 포인트로 생각하고 있습니다.

'패러디 전문 유튜버'라는 캐릭터를 잘 살리는 방향으로 영상을 촬영, 편집해서 제작하고 있습니다. 촬영은 휴대폰 카메라, 편집은 어도비 프리미어 프로를 활용하고 있습니다. 일단 어떠한 영상을 찍는다고 생각하면, 머릿속으로 그림을 그려 카메라 구도와 대본을 상상합니다. 그 후 콘티를 제작하여 최대한 효율적으로 촬영하려고 합니다. 저는 주 콘텐츠가 패러디이기 때문에, 시청자들로 하여금 공감을 이끌어 내는 것도 중요하지만 원작자에게 피해와 어떠한 불편도 일체 주면 안 된다고 생각합니다. 이러한 부분을 계속 생각하며 촬영과 편집에 임하는 것 같습니다.

촬영을 할 때에는 제가 만족할 때까지 촬영합니다. 시청자 입장에서 조금이라도 오글거리고 어색한 느낌이 들면, 다시 카메라를 키거나 아예 콘텐츠를 없애 버리기까지 합니다. 그래서 그런지 많이 삭제한 콘텐츠들이 많습니다. 저 또한 제작자이자 시청자이기 때문에 항상 시청자 입장에서 생각하고 확인하면서 최고의 영상이 나오도록 노력하고 있습니다.

처음 숏폼 콘텐츠를 제작하는 크리에이터들에게

숏폼 뿐 아니라 크리에이터에 관심 있는 분들에게 공통적으로 해당되는 말인데, 초반에 잘 안 된다고 포기하지 마셨으면 좋겠습니다. 또한 하루에 몇 천만 개의 영상이 올라오는 동영상 플랫폼 속에서 살아남을 수 있는 방법은 자신만의 콘텐츠, 그리고 제일 중요한 꾸준함인 것 같습니다. 이는 사람들이 무엇을 원하고, 내가 뭘 잘 할 수 있는지를 찾게 되면 채널은 성장할 것이라 자신합니다. 숏폼에 관해서 말씀드리자면 숏폼은 아무래도 MZ세대가 많이 애용하다 보니 최신 트렌드나 유행에 먼저 관심을 가져야 한다고 생각합니다. 그 트렌드를 이해하게 된다면 사람들의 공감을 이끌 수 있는 숏폼 영상을 제작할 수 있을 겁니다. 무엇보다 숏폼 영상은 제작 시간이 그리 오래 소요되지 않는 게 가장 좋은 것 같습니다. 너무 고민하지 마시고 바로 휴대폰 카메라로 하고 싶은 것들을 지금 바로 찍어 보세요.

뮤지컬 배우의 강점을 살려
댄스 콘텐츠를 제작하다! 틱톡커 〈리군〉

안녕하세요. 저는 틱톡 크리에이터 이승준이라고 합니다. 저는 주로 유행하는 간단한 춤 동작 등 '댄스 챌린지' 콘텐츠를 주로 업로드하고 있습니다. 메인 타겟은 10~20대를 겨냥하고 있습니다. 타겟에 맞게 유행하는 챌린지를 함으로써 많은 사람들에게 제 영상이 알고리즘의 선택을 받아 노출되고 있습니다. 제 계정은 쉽게 따라 할 수도 있고 재미도 있어서 트렌드에 맞게 많은 사람들이 좋아해 주시는 것 같습니다. 채널명은 제 이름이 이승준이라서 이씨 성을 가진 남자라는 뜻의 〈리군〉이라고 짓게 되었습니다.

틱톡 채널 : https://www.tiktok.com/@millio_jj

콘텐츠 제작자, 시청자 모두를 만족시키는 숏폼 콘텐츠

처음에는 단순한 호기심이었어요. 그때 당시에 사촌동생이 초등학생이었는데 저에게 틱톡 영상을 같이 찍자고 하더라구요. 동생을 따라서 간단한 손 댄스 영상을 촬영했습니다. 그런데 생각보다 재미있더라구요. 또 마침 당시 틱톡 관련 광고가 TV 등에서 많이 보이던 시절이었습니다. 그렇게 재미있어 보여서 시작하게 되었는데 점점 팔로워도 늘고 많은 분들이 좋아해 주셔서 본격적으로 시작하게 되었습니다.

틱톡 크리에이터를 하게 되면서 숏폼 콘텐츠의 다양한 장점을 체감할 수 있었습니다. 먼저 영상을 제작하는 입장에서는 무엇보다 짧은 영상이기에 편집도 쉽고 촬영하는데 오래 걸리지 않는다는 점이 가장 큰 장점인 것 같습니다. 그 말은 즉 누구나 크리에이터가 되어 지속적으로 콘텐츠를 제작할 수 있다는 뜻이기도 하니까요.

다음으로 영상을 소비하는 사람들의 입장에서의 장점도 많은 것 같습니다. 보통 유튜브를 시청하더라도 처음부터 끝까지 다 시청하는 분은 아마 거의 없을 겁니다. 대부분 10초 앞으로 넘기기 아니면 하이라이트 모음집처럼 재미있는 부분만 모아 놓은 영상을 찾아보죠. 그런 관점에서 숏폼 영상은 대부분이 1분 이내이기 때문에 짧으면서도 재미있기도 하고 유용한 영상들이 많이 있어서 사람들이 지루해하지 않고 끝까지 시청하는 비율이 높다고 생각합니다.

내가 주로 '틱톡'에 영상을 업로드하는 이유

일단 저 같은 경우에는 주로 업로드하는 플랫폼은 '틱톡'입니다. 초기 숏폼 콘텐츠의 트렌드를 이끈 플랫폼은 '틱톡'이라고 생각합니다. 플랫폼별 특징이라고 하면, 틱톡은 '챌린지' 위주의 영상이 많이 보이고, 릴스는 인스타만의 세련된 영상, 유튜브 쇼츠는 유튜브만의 알고리즘으로 다양한 영상을 접할 수 있는 것 같습니다. 지극히 개인적인 의견일 수 있지만, 특히 10대 타겟의 영상의 경우 틱톡에서 먼저 유행하는 영상들이 나중에 다른 플랫폼에서 유행하는 것으로 보아 확실히 (10대들에게 있어) 트렌드가 빠른 숏폼은 틱톡이라고 생각합니다.

타겟에 Fit한 브랜디드 콘텐츠를 제작하라

제일 기억에 남는 것은 '오곡 코코볼' 관련 광고였습니다. 당시 저는 '학교 폭력 예방' 공연을 위해 다양한 학교를 방문했었습니다. '오곡 코코볼'이라는 상품이 간단한 끼니, 간편하게 끼니 해결을 하는 시리얼 제품이기에 마침 학생들과 하면 더 좋은 이미지를 남길 수 있겠다고 생각이 들었습니다. 그래서 공연이 끝난 후 선생님들과 학생들에게 동의를 구한 후 다 같이 영상을 찍게 되었고 학생들의 이미지를 살려 '아침은 든든하게! 공부할 때도 든든하게!' 문구를 넣어 광고주님도 만족을 했었습니다. 그래서 이 광고 영상이 제일 기억에 남고 인상 깊었습니다.

해당 영상을 평범한 장소에서 제작했다면 임팩트가 약했을 것이라 생각합니다. 그러나 실제 제품의 핵심 타겟이 되는 학생들과 함께 촬영을 했기에 효과적인 영상을 제작할 수 있었습니다. 특히 브랜디드 콘텐츠의 경우 타겟에 맞는 영상을 제작하는 것이 중요합니다. 이를 위해 출연자, 장소, 멘트 등 다양한 요소를 신경 써서 영상을 제작하고 있습니다.

#오곡코코볼 #오곡코코볼송 #코코볼 청완초등학교 학생들과 함께 코코볼 한갠가" 두갠가" 아침은 든든하게! 공부할때도 든든하게! 오곡코코볼😊 #코코볼송 #챌린지크리에이터 ★파트너크리에이터 #추천 #foryou #fyp #trend

핵심 타겟인 학생들과 촬영해 좋은 반응을 얻은 '브랜디드 콘텐츠'

추천 영상이 되는 비법 : 좋은 기획, 핫 한 기능 활용

제 계정의 영상 중 가장 조회수가 높은 영상은 '숨 참기 챌린지'입니다! 제 영상들 중 가장 조회수가 높은데요. 당시 틱톡 추천 영상이 되었습니다. 때문에 사람들이 너도 나도 '숨 참기 챌린지'에 동참해 주셔서 조회수가 높은 것 같습니다.

제 개인적인 의견입니다만, 크리에이터 입장에서는 추천 영상이 되는 것에는 트렌드를 반영한 좋은 기획, 핫한 틱톡 기능 활용, 그리고 약간의 운이 함께 필요한 것 같습니다. 아무리 퀄리티가 높게 찍어도 조회수가 안 나올 수도 있고 간략히 찍어도 조회수가 높은 경우도 있습니다. 추천 영상으로의 가능성을 높이기 위해서는 유행하는 틱톡의 기능을 잘 활용하는 것도 중요합니다. 해당 영상도 기존에 누군가 만들어 놓은 영상에 듀엣하기를 한 것인데 '듀엣'이라는 기능은 다른 사람이 올린 영상에 내가 촬영한 영상을 동시에 이어서 녹화하는 기능을 말합니다. 대부분 세로 형식의 듀엣을 많이 하지만 저는 가로 형식의 듀엣으로 촬영을 했습니다.

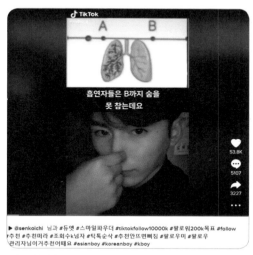

좋은 기획, 핫한 기능 활용 등으로 큰 사랑을 받은 영상

국내/해외 팬들을 유입시키기 위한 비법

해외 팬들을 유입시키기 위해 #korea #korean 등 해시태그를 쓰면 많이 와 주시는 것 같습니다. 아무래도 K-Pop이 전 세계적으로 유행이다 보니 해외에서 한국사람과 한국의 콘텐츠들을 많이 좋아해 주시는 것 같습니다. 국내 팬들 같은 경우엔 한국에서 유행하는 챌린지 관련 해시태그를 적용하면 유입된다고 생각합니다.

그리고 저만의 노하우라고 하면 혼자서 촬영하기보단 친구와 함께 찍는 것이 더 좋다고 생각합니다. 제 영상이 댄스 등 함께하는 것에 더 적합한 포맷이기 때문입니다. 그리고 집보다는 야외에서 찍었을 때 사람들이 더 좋아해 주시더라구요. 그래서 여행을 가거나 지나가다가 풍경이 좋은 곳을 보면 거기서 영상을 남기기도 합니다. 그리고 제가 지금 학교를 돌아다니면서 공연을 하고 있는데 학생들과 함께 찍은 것도 굉장한 조회수가 나왔습니다. 콘텐츠의 특성에 따라서 혼자 하는 것보다 여럿이서 하는 게 더 좋은 방법일 수도 있습니다.

다양한 사람들과 함께 촬영해 더 좋은 반응을 얻은 영상

다양한 배우들과 함께 한 '우영우 인사법 챌린지' 영상

바로 찍어 바로 올리는 것이 숏폼의 최대 매력!

저 같은 경우에는 짧은 시간에 짧은 영상을 간단히 만드는 것을 좋아해서 틱톡 자체적인 카메라로 찍어서 바로 올립니다. 혹시 편집이 필요하다면 '캡컷'이라는 어플을 이용하는데 많은 틱톡커들이 사용하는 어플입니다. 다른 크리에이터 대비 다른 점이라고 하면 위에 말했듯 특별한 편집 없이 틱톡 자체적인 편집을 쓰거나 아니면 찍자마자 편집 없이 그냥 업로드하는 경우가 많은데 그러다 보니 인위적이지 않고 자연스러운 모습을 사람들이 좋아해주는 것 같습니다.

편집을 하지 않고 촬영한 그대로 제작한 영상

팬들에게 꾸준한 사랑을 받고 싶다면 '소통'을 해야 하는 이유

채널을 운영하는데 있어 가장 신경 써야 하는 부분이 있다면 '소통'이라고 생각합니다. 저는 댓글도 신경 써서 다 보고 답글도 달고 라이브방송을 통해서 팬들과 소통하는 시간을 자주 가지곤 합니다. 그러다 보니 제 방송을 기다려주는 팬도 생기고 더욱 친밀감이 생겨 팬층도 두터워지는 것 같습니다.

물론 영상을 꾸준히 올리고 다양한 모습을 보여주는 것도 정말 중요하다고 생각합니다. 그렇게 하려고 저도 많이 노력 중이구요. 하지만 바쁜 현대 사회에서 일과 틱톡 영상을 꾸준히 하는 것을 병행하는 것이 힘들기 때문에 영상 제작보다는 팬들과의 소통을 좀 더 신경 쓰는 것이 저만의 노하우라고 생각합니다.

'나만의 차별화 포인트'가 꼭 필요한 이유

전 원래 직업이 뮤지컬 배우이다 보니 의상을 입고 찍는다던지 무대 위에서 찍는다던지 분장실 등 특별한 장소에서 촬영을 할 수 있다는 점이 차별화 포인트라고 생각합니다. 그리고 계속 언급했다시피 어린 동생들 덕분에 어린아이들도 재밌고 쉽게 접할 수 있는 건강한 컨텐츠를 제작할 수 있는 것이 저만의 차별화된 포인트라고 생각합니다.

분장실, 무대 촬영 등 배우의 강점을 적극 활용한 영상

11

'꾸준함'은 크리에이터의
최대 무기다 〈리제 Lizé〉

저는 틱톡과 유튜브 채널을 운영하고 있는 〈리제(Lizé)〉라고 합니다! 노래를 전공하고 지금은 다른 직업을 가지고 있지만 아직도 다른 무엇보다 노래를 가장 사랑하는 사람입니다. 앞으로는 노래 이외에도 구독자, 팔로워들과 함께 다양한 방향으로 저라는 사람을 표현하고 성장해나가려고 합니다.

틱톡: *https://www.tiktok.com/@lize1st*
유튜브: *https://www.youtube.com/@Lize*

내가 숏폼 크리에이터가 된 이유

대학교 '뮤직 프로덕션' 수업의 일환으로 과제삼아 시작했던 영상 촬영이 이후에도 소소하게 유튜브로 노래커버 채널을 운영하는 계기가 되었습니다.

유튜브 채널을 꾸준하게 운영했지만 2~3년 동안은 크게 눈에 띄는 구독자수 변화는 있지 않았습니다. 유명한 아이돌의 노래, 인기 있는 드라마의 OST 커버를 통해 일부 관심을 받았던 콘텐츠들이 있기는 했었습니다. 그러던 중 단순 홍보 수단으로 큰 기대 없이 활용했던 틱톡 플랫폼에서 저도 모르는 새에 큰 관심을 받게 되었습니다.

큰 기대 없이 올렸지만 큰 사람을 받게 되었던 틱톡 영상

유튜브는 당시만 해도 이미 '레드오션'이었다고 생각합니다. 하지만 구독자수가 적어도 같은 취향의 사람들에게 추천되는 틱톡 알고리즘의 특성 덕에 더욱 수월하게 많은 관심을 받을 수 있었습니다.

당시 노래로는 마땅한 수입이 없었던 상황이었기 때문에, 현실에 치여 영상 촬영은 물론 제대로 된 연습조차 할 수 없었던 시기였습니다. '아 이렇게 나는 점점 가수의 삶에서 멀어져 가는구나'하고 있던 찰나에 숏폼 콘텐츠는 '이거다!' 싶은 한줄기 빛이었습니다.

쉽다, 유용하다! 숏폼 콘텐츠의 장점

기존 일반적인 영상 콘텐츠에 대비 숏폼 콘텐츠의 가장 큰 장점은 누구나, 어디서나, 아무 도움 없이, 간단하게 제작할 수 있다는 것이라 생각합니다. 유튜브 및 다른 플랫폼의 영상 콘텐츠들이 상대적으로 진입장벽이 높아지고 있다는 느낌이 들곤 하는데요. 아무래도 방송국 등 전문적인 영상 제작 인력들의 활약이 많아지기 때문에 전문적인 느낌이 짙어져서인 것 같습니다. 예전에는 유튜브의 경우도 지금에 비해 훨씬 가볍게 제작 가능한 콘텐츠들이 주를 이루고 있었고, 때문에 직캠, 티저 형태의 영상들도 많았던 것 같습니다. 최근 유튜브의 경우 웹드라마, 웹예능, 스케치 코미디 등 고퀄리티의 영상들이 인기를 얻고 있잖아요. 하지만 틱톡의 경우 플랫폼 내 있는 기능만으로 충분히 창의적인 콘텐츠 제작이 가능하다는 차별점이 처음 크리에이터를 시작하려는 사람들에게 더욱 큰 장점이 된다고 생각합니다.

여기에 더해 직관적이고 압축적으로 영상을 담았기 때문에 Z세대들에게 더욱 유용한 정보 콘텐츠가 될 수 있다는 점이 장점이라고 생각합니다. 요즘 Z세대들은 여행지, 맛집 등 정보를 검색할 때 유튜브 등 영상 플랫폼을 더 많이 이용하고 있잖아요? Z세대들에게 있어 5분, 10분의 미드폼, 롱폼 등 일반적인 영상보다는 1분 미만의 영상으로 정보를 얻는 것이 더 효과적이라고 생각합니다. 훨씬 직관적이고 압축적인 정보를 담은 영상이 다양한 정보를 빠르게 습득하는데 유리하기 때문입니다.

저는 숏폼 콘텐츠가 기존의 일반적인 영상에 비해 MZ세대들의 생활 패턴과도 아주 잘 맞아 떨어진다고 생각합니다. 학생들의 경우 쉬는 시간 틈

틈히 짧은 영상을 보면서 유행을 파악하기 용이합니다. 직장인의 경우 짬이 나는 짧은 시간에 간추려진 뉴스와 가십거리 등을 파악하기 좋습니다. 바쁜 현대 사회에서 짧은 영상을 소비하면서 효율적으로 유행에 뒤쳐지지 않을 수 있다는 것이 숏폼 콘텐츠로 사람들이 몰려들고 있는 이유라고 생각합니다.

K-POP 아티스트는 신곡이 나오면 틱톡부터 찾는다?

앞서 언급했듯 학생들의 경우 짧은 영상을 통해서 유행을 파악하고 따르고 있습니다. 때문에 K-POP 아이돌 그룹들은 틱톡 채널을 개설하고, 틱톡, 유튜브 쇼츠, 릴스 등 숏폼 플랫폼 상의 다양한 챌린지를 통해 홍보를 하는 것이 대세가 되었습니다. 예전에는 신곡이 발매되기 전부터 카운트다운, 티저 등 주로 이미지 형태의 게시물을 위주로 홍보를 진행했습니다. 그리고 주요한 TV 예능, 언론사 인터뷰를 하는 것에 더욱 많은 에너지를 쏟았습니다. 하지만 최근엔 방송 활동 없이 챌린지만으로 홍보를 진행하기도 합니다. 숏폼 플랫폼을 통한 챌린지의 중요성이 높아지면서 기획사에서는 콘텐스트까지 여는 등 열을 올리고 있습니다. 틱톡 등 숏폼 플랫폼이 글로벌적인 성격을 띄기 때문에 전 세계적인 효과성까지 있으니 더욱 힘을 쏟을 수밖에 없습니다. 가수들뿐 아니라 기업가, 정치인, 방송사에서도 자체적인 숏폼 콘텐츠를 제작하고 챌린지를 기획하고 운영하는 모습들이 보입니다.

어떻게 보면 콘텐츠를 가장 많이 접하고 가장 유행을 선수하는 사람들이 이러한 행보를 보인다는 것은, 숏폼 콘텐츠의 대세감을 보여주는 단적인 예라고 생각합니다.

사생활을 지켜준다? 내가 틱톡을 더 선호하는 이유

인스타그램 릴스, 유튜브 쇼츠 플랫폼도 함께 활용하긴 하지만, 주로 영상을 업로드하는 곳은 틱톡입니다. 릴스의 경우 업로드 시 틱톡과 달리 따로 인스타그램 로고가 들어가지 않아 동영상을 저장한 후 해당 영상을 훨씬 효과적으로 사용할 수 있다는 장점이 있습니다.

그럼에도 인스타그램의 경우, 사생활이 명확히 구분되지 않는 점이 큰 단점이라고 생각합니다. 인스타그램 팔로워 중 지인들의 비중이 상대적으로 높다보니 더 신경이 쓰일 수밖에 없는 것 같습니다. 또한 예전에 인스타그램 릴스에 올린 영상을 보고 제 계정에 들어와 부적절한 댓글, DM을 지속적으로 보내는 사람들이 있었습니다. 인스타그램 계정에 가볍게 올린 스토리, 게시글로 인해 내 위치 및 동선이 노출되어 소름 끼쳤던 경험이 몇 번 있기도 했었습니다.

이에 반해 틱톡의 경우 기획된 숏폼 콘텐츠만 제작해 업로드하는 채널이기 때문에 사생활 노출이 적게 된다는 장점이 있다고 생각합니다. 물론 인스타그램의 경우 추가 계정 생성이 가능하기 때문에 일상과 릴스용 계정을 분리한다면 사생활 노출을 최소화할수 있는 방법도 있으니 참고해 주시기 바랍니다.

부르면 뜬다! 유튜브가 나에게 준 새로운 기회

유튜브 채널 운영을 하면서 제 커버 영상을 관심 있게 보게 된 관계자를 통해 '뜨자'라는 앱('채널A-강철부대2' 공식 응원 앱)의 '부르면 뜬다!'라는 경연에 참가하게 되었습니다. 이때 좋은 성적으로 TOP3로 본선에 올라 그동안 너무나도 그리웠던 무대와 조명 아래에서 다시 한번 노래할 수 있었습니다. 본선에서도 작곡가, 현장 감독님들로부터 너무 좋은 평가를 받으며 심사위원 점수는 1등을 기록했습니다. 하지만 아쉽게도 투표에서 2등으로 밀려나서 너무 속상해했던 기억이 있습니다. 당시 투표에서 1등을 하셨던 분이 개인 방송을 하는 크리에이터였는데, 그 분이 사람들의 큰 사랑을 받는 모습을 보면서 '나는 여태껏 무엇을 했지?'라는 생각에 스스로가 미워서 더 힘들기도 했습니다. 희비가 공존하는 경험이었지만 그 안에 희망이 있었다고 생각합니다. 경연 이후 숏폼 콘텐츠 등 크리에이터로서도 더욱 스스로 열심히 하고 자신감도 얻을 수 있었던 값진 경험이라고 생각합니다.

[뜨자] 예선 라운드, 리제 / Adele - Easy On Me l 부르면 뜬다! V4

유튜브에 올린 짧은 영상을 통해 참여하게 된 경연 프로그램

크리에이터 최대 무기는 '꾸준함'이다

사실 제 채널의 경우 엄청난 조회수, 구독자, 팔로워 때문에 오랜 기간 유지된 채널은 아니라고 생각합니다. 처음부터 '나'를 기록하기 위한 채널이었기 때문에 저에게는 '일기' 같다는 생각을 하곤 합니다. 제가 지금까지 현실에 치여도 굳이 시간을 내고 스트레스를 받아가면서 틱톡 등 숏폼 크리에이터로서의 역할을 놓지 않는 이유는 내 꿈을 향한 방향을 잃지 않기 위함입니다. 그렇게 한발씩 꾸준하게 내딛는 것이 저를 위해서도 그리고 채널의 발전을 위해서도 중요한 요소라고 생각합니다.

많은 분들이 '꾸준함'이라는 가치를 놓치는 경우들이 있는 것 같습니다. 빠른 기간 내에 대박 콘텐츠들이 만들어지면 좋겠지만, 스스로의 모습을 기록하다보면 그것들이 쌓여 크리에이터로서의 발전이 있을 수 있다고 생각합니다. 저도 채널을 지속적으로 운영하다 보니 나름의 재미와 즐거움이 있었습니다. 소심한 관종인건지 모르겠지만 채널 운영으로 자존감이 조금씩 채워지니 남들에게 제 일상을 공유하는 것 그 자체가 좋아지기도 했습니다. 그렇게 새로운 틱톡 채널에 노래 커버뿐 아니라 다양한 콘텐츠를 제작할 수 있게 되었습니다. 제가 운영하는 채널들은 저 스스로의 성장과 맞닿아 있는 것 같습니다.

채널을 운영하는데 있어서도 신경 써야 하는 부분은 지치지 않는 것입니다. 한 두개의 영상이 조회수가 잘 나왔다고 해서 승승장구할 것이라는 자만에 빠지지 않아야 합니다. 댓글수가 많아지더라도 구독자, 팔로워들과 소통의 노력을 멈추지 않아야 합니다. 크리에이터의 세계는 정말 한 순간이라도 멈추면 고여버릴 수 있다고 생각합니다.

도망가자-선우정아

[바람이 부네요-이소라]

abcdefu -GAYLE /Cover by.Lizé/땡땡이 빼고
다 엿먹어ㅗ^^ㅗ /감미롭게 대신 욕 해드립니다/

'꾸준함'을 통해 지속적으로 발전한 영상 퀄리티

영상을 올리는 시점에 가장 핫한 키워드를 '태그'로 활용하라

저는 영상을 업로드할 때 '태그'에 신경 쓰고 있습니다. 당장 아침에 눈을 떠서 제일 많이 보이는 태그와 출근해서 사람들이 제일 많이 말하는 단어 등을 반영하려고 합니다. 이렇게 영상을 업로드하는 시점에 가장 핫한 태그는 알고리즘상 중요한 역할을 한다고 생각합니다. 하지만 노래를 커버하는 채널에 갑자기 정치 관련 태그를 하는 등 너무 뜬금없는 태그는 지양해야 합니다. 본인의 콘텐츠와 연관된 가장 핫한 키워드를 항상 신경 쓰고 뽑아내야 하는 이유입니다. 여기에 더해 적절한 영어 태그도 꽤 큰 역할을 한다고 생각합니다. 제 채널의 경우 노래 커버, 서울의 핫플레이스 등을 주제로 하기 때문에 국내 시청자뿐 아니라 해외 시청자들의 접근이 용이한 편입니다. 때문에 이러한 채널이라면 영어 태그도 신경 쓰는 것이 중요하다고 생각합니다.

숏폼에 최적화된 '네일 아트'
콘텐츠를 제작하다 〈하봄 Habom Nails〉

저는 유튜브 채널 〈하봄 Habom Nails〉을 통해 '네일 아트' 콘텐츠를 제작하고 있습니다. 벌써 5년차에 접어들고 있는데요. 때론 힘들 때도 있지만, 항상 사랑받는 콘텐츠를 기획하기 위해 많은 노력을 하고 있습니다. 또한 유튜브뿐만 아니라 틱톡, 인스타그램 등 다양한 채널을 운영하면서 제 콘텐츠들을 널리 퍼트리기 위해 오늘도 최선을 다하고 있습니다.

유튜브 채널 : *https://www.youtube.com/c/HabomNails/videos*
틱톡 채널 : *https://www.tiktok.com/@habomnails*
인스타그램 채널 : *https://www.instagram.com/habomnails/*

내가 숏폼 크리에이터가 된 이유

첫째, 유리한 유튜브 알고리즘 때문입니다. 저는 유튜브를 주력 플랫폼으로 활동하고 있는데요. 유튜브 쇼츠 영상의 경우, 알고리즘상 좀 더 시청자들에게 노출될 확률이 높다는 느낌을 받게 되었습니다. 그래서 숏폼 콘텐츠를 제작해야겠다는 생각을 하게 되었습니다. 실제로 '유튜브 쇼츠' 콘텐츠를 업로드하면서 채널 전체가 알고리즘상의 혜택을 받게 되었다고 생각합니다.

둘째, 제 콘텐츠의 특성이 숏폼에 적합하기 때문입니다. 저의 주력 콘텐츠는 '네일 아트'인데요, 다른 주제에 비해 숏폼 포맷으로 제작하기 용이한 콘텐츠라고 생각해 숏폼 크리에이터로 도전하게 되었습니다. 제 채널의 쇼폼 콘텐츠들은 네일 아트 그 자체에 집중하고, 음악을 배경으로 하고 있습니다.

숏폼 콘텐츠의 강점 3가지

첫째, 긴 영상 대비 더 자주, 쉽게 영상을 제작할 수 있다는 점이 가장 큰 장점입니다. 영상의 기획, 촬영, 편집 등 전 과정이 매우 쉽고 빠르게 제작할 수 있기 때문에 더 많은 콘텐츠 제작이 가능합니다.

둘째, 한개의 영상으로 유튜브 쇼츠, 인스타그램 릴스, 틱톡 3가지를 모두 운영할 수 있다는 점입니다. 저의 메인 채널은 유튜브 쇼츠이지만 다른 플랫폼에도 영상을 동시에 업로드하고 있습니다. 크리에이터 입장에서는 이렇게 OSMU(One Source Multi Use)형으로 콘텐츠를 제작할 수 있다는 점은 엄청난 장점이라고 생각합니다.

셋째, 긴 영상 대비 조회수가 잘 나옵니다. 크게는 10배까지도 차이가 나서 길이는 1분조차 안되는 숏폼 콘텐츠를 10분 이상의 긴 동영상에 비해

10배가 넘는 시청자에게 도달할 수 있다고 생각합니다. 개인적으로는 너무 많은 장점을 갖고 있는 숏폼 콘텐츠의 유행이 크리에이터 입장에서는 큰 도움을 주고 있다고 생각합니다. 때문에 주변에서 숏폼 크리에이터로 도전한다고 한다면 '무조건 빨리 시작하라'는 말을 하고 있습니다.

숏폼 콘텐츠의 대세감 어느 정도인가

아무래도 수익을 신경 쓰지 않을 수 없는데요, 2023년 부터는 유튜브 쇼츠로도 수익화 할 수 있으며, 틱톡에서는 2021년부터 틱톡 크리에이터를 만들기 위해 일정 지원금을 지급하는 등, 플랫폼에서 숏폼 콘텐츠를 더 많이 만들기 위한 노력이 많이 보였습니다. 또한 유튜브 및 인스타그램에는 쇼츠 및 릴스라는 코너가 눈에 띄게 배치되었으며, 저 또한 긴 영상보다는 흐름이 간결한 짧은 동영상을 보다 많이 시청하고 있습니다.

주변 유튜버 분들의 이야기를 들어봤을 때도, 유튜브에서 쇼츠를 많이 밀어주고 있어, 쇼츠 영상을 제작해야겠다는 생각을 많이 하신다고 합니다. 실제로도 한 두 분씩 쇼츠를 제작하고 있고요. 긴 동영상의 하이라이트만 편집하여 업로드하기도 하고, 새로운 짧은 동영상용 영상을 새로 제작하기도 합니다.

숏폼 플랫폼별로 더 잘되는 영상이 따로 있다?

앞서 말했던 대로, 저는 1개의 영상을 3가지 플랫폼에 모두 업로드하고 있습니다. 그래서 플랫폼별로 인기가 있는 영상들의 특성이 따로 있다는 것을 경험으로 알게 되었습니다. 우선 잔잔하고 ASMR 같은 영상은 인스타그램에서 가장 인기가 많습니다. '다이소 아이템'처럼 한국에서 많이 접할 수 있는 영상은 틱톡에서 인기가 많으며, 대중적인 '튜토리얼 영상'은 유튜브에서 인기가 많습니다.

이렇게 각 플랫폼마다 가장 인기 있는 영상의 특성이 다르다 보니 이에 맞게 영상을 제작하고 있습니다. 아무래도 제 메인 채널은 '유튜브 쇼츠'이기 때문에 제 숏폼 영상들 중에 가장 큰 비중을 차지하는 콘텐츠는 '네일 관련 튜토리얼 영상'입니다. 숏폼 크리에이터에 처음 도전하시는 분들은 이렇게 지속적으로 콘텐츠를 업로드하면서 내 콘텐츠가 플랫폼별로 어떤 반응을 주로 얻는지에 대한 경험을 쌓는 것이 중요하다고 생각합니다. 이러한 과정을 거치면서 제가 그랬던 것처럼, 숏폼 콘텐츠의 제작 방향에 대한 확신을 얻게 될 수 있습니다.

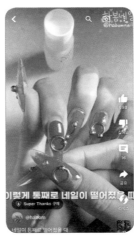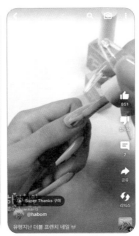

'다이소 아이템' 등 튜토리얼 형태로 큰 사랑을 받았던 영상들

힘들어도 숏폼 크리에이터를 그만둘 수 없는 이유

가장 유튜브에 대해 고민을 많이 했던 시기는 구독자 1천명에서 1만명 사이, 그리고 5만명이 되기 전까지였던 것 같습니다. 당시 저는 유튜브에 대한 지식도 없고, 물어볼 사람도 없었던 상황이었습니다. 유튜브뿐만 아니라 네일 아트를 함께하는 주변 지인도 없어서 모든 것을 혼자 헤쳐 나가야만 했습니다. 그 시기에 다행히도 네일 학원 및 자격증을 취득하면서 많이 발전할 수 있었고, 코로나로 인해 '클럽하우스'라는 앱이 인기를 얻으며 유튜브를 하시는 분들과 많은 대화를 나눠볼 수 있었습니다.

유튜브의 가장 어려운 점이라면 꾸준히 성장해야 하는 것이 정말 어렵고 고통스러운 과정이라고 생각이 됩니다. 유튜브 영상 및 섬네일을 촬영하는 과정에서 영하의 온도에도 맨손으로 촬영하여 손이 시려웠고, 한여름에는 자연광 아래에서 촬영하기 위해 땀을 뻘뻘 흘리며 야외에서 촬영하는 등 많은 고생을 하기도 했습니다. 그럼에도 생각보다 적성에 맞는다는 걸 깨달았습니다. 그리고 그렇게 고생하며 촬영한 사진이 아까워 인스타그램에도 업로드하기 시작했고, 점점 사진의 퀄리티가 올라가면서 인스타그램에서도 많은 분들이 관심을 가져주었습니다.

내가 제작한 영상의 반응을 분석해야 하는 이유

유튜브 채널을 성장하고 싶다면 일반 형태의 미드폼, 롱폼 영상을 꾸준히 제작하는 것도 중요하지만, 조회수 및 알고리즘 상 강점이 있는 것은 '유튜브 쇼츠 콘텐츠'라고 생각합니다. 제 채널의 숏폼 콘텐츠 중 가장 많은 사랑을 받은 콘텐츠는 '프렌치 네일 5초만에 완성'이라는 콘텐츠입니다. 유튜브의 경우 튜토리얼 영상이 많은 사랑을 받고 있는데요. 간단하면서도 쉽게 따라할 수 있는 듯한 영상이 아무래도 좋은 조회수를 기록하는 것 같습니다. 그보다 조회수는 적지만 사랑받은 영상들의 특징은 따라하긴 어렵더라도 화려하고, 보는 재미가 있거나 독특한 디자인과 관련된 영상들입니다.

저는 이렇게 그동안 제작한 영상들의 조회수 등 고객 반응을 지속적으로 분석하고 있습니다. 이러한 분석을 기반으로 제 채널에서 쉽게 따라할 수 있는 튜토리얼, 그 외에 독특한 디자인 등 보는 재미가 있는 콘텐츠에 집중하고 있습니다. 여러분들도 항상 업로드한 영상을 분석해서 더욱 사랑받은 영상의 특징을 이후 제작하는 영상에 적용하는 것을 추천드립니다.

가장 많은 조회수를 기록했던 '프렌치 네일 5초만의 완성' 영상

숏폼 콘텐츠 기획 시 알고리즘, 저작권을 고려해야 한다

저는 기획에서부터 알고리즘에 대해 많은 고민을 하고 있습니다. 숏폼 컨텐츠가 알고리즘을 타기 위해서는 '시청 지속 시간' 및 '반복성'이 중요하다 생각합니다. 인스타그램 릴스에서 높은 조회수를 기록하기 위해서는 3~10초 정도의 짧은 영상을 반복해서 재생하는 것이 중요합니다. 유튜브 쇼츠에서는 클릭율, 지속시간, 반응 등 종합적인 요소들이 중요합니다. 틱톡은 영상 간의 조회수 편차가 엄청 크기 때문에 시청자 층을 사로잡을 수 있는 영상 초반이 중요하다 생각됩니다.

영상을 제작할 때 저작권 부분도 신경 써야 하는데요. 인스타그램 및 틱톡은 음원을 앱 내에서 편집하고 업로드하기 쉬우며, 플랫폼 자체의 광고 수익은 나오지 않습니다. 그에 반해 유튜브는 '애드센스'는 수익구조가 있기 때문에 아무 노래나 영상에 입혀 제작하게 되면 저작권 위반에 걸려 수익이 발생하지 않습니다. 따라서 같은 영상이라도 BGM은 3개의 플랫폼에 각각 다르게 업로드하기도 합니다.

숏폼 콘텐츠를 제작할 때 중요한 것들

우선 다른 사람들의 숏폼 콘텐츠를 많이 시청합니다. '우선 많이 보는 것'은 숏폼 콘텐츠를 기획하는 기본적인 자양분이 된다고 생각합니다. 가장 관심 있는 분야의 숏폼도 중요하지만, 네일에서 더 나아가 화장이라던가 다꾸(다이어리 꾸미기), 장난감 리뷰 등 비슷한 종류의 컨텐츠까지 관심을 가지고 보다 보면 퓨전 느낌의 숏폼 콘텐츠를 추가 기획할 수 있게 됩니다.

또한 인기 있는 음원을 사용하거나, 인기 있는 콘텐츠를 놓치지 않고 업로드하려고 합니다. 네일 아트 내에서도 유행이란 게 존재하기 때문에 유행할 때 비슷한 디자인 및 튜토리얼을 제작하여 업로드하면 다른 때보다 조금 더 높은 조회수를 얻을 수 있습니다. 또한 채널의 정체성을 잃지 않고 일관된 콘텐츠를 꾸준히 하는 것이 구독자를 꾸준히 늘릴 수 있는 노하우라 생각합니다.

구독자들이 좋아하는 콘텐츠를 제작해야 하는 이유

유튜브를 시작하고 1~2년 까지는 채널의 방향성을 확실히 몰랐다고 생각합니다. 좀 더 정확하게 표현하자면 방향성을 몰랐다기보다는 꾸준히 가지고갈 콘텐츠를 정하지 못했습니다. 하고 싶은 것들은 너무 많은데 할 시간은 절대적으로 부족했으니까요. 네일 아트 디자인도 고급스러운 느낌, 귀여운 느낌, 화려한 느낌 등 엄청 다양한 컨셉이 있습니다. 저는 3년 정도 채널을 운영하면서 귀엽고, 키치스러운 디자인을 했을 때 많은 사람들이 반응해준다는 걸 알게 되었습니다. 지금은 디즈니 등 귀여운 캐릭터를 컨셉으로 네일 아트를 했을 때 조회수가 많은 편입니다. 그래서 귀여운 네일 아트 디자인을 캐릭터로 설정하여 디자인하고 있습니다.

구독자들의 니즈를 반영한 캐릭형 기반의 네일 아트 영상

영상의 기획부터 업로드까지의 과정

    우선 영상의 컨셉을 정합니다. 혹은 메인 컬러나, 그때 유행하는 디자인을 참고하며 대체적인 컨셉을 정하고 디자인 도안을 가볍게 그립니다. 아이디어 구성 및 기획까지는 정해진 날짜는 없고 어느 날 번뜩 떠오르기도 하고 일주일을 내내 고민해도 갈피를 못잡을 때도 있습니다. 그렇게 초안 디자인이 결정되면, 디자인을 참고하여 네일 아트를 합니다. 네일 아트는 보통 하루 종일 걸리며 오래 걸리면 3일까지도 걸리지만, 오래 걸려도 2일 안에 끝내려고 하는 편입니다. 네일 아트를 하며 촬영을 함께 진행하며, 촬영된 영상을 컴퓨터에 옮겨 편집합니다. 긴 영상은 4~8시간, 짧은 영상은 1시간도 안 걸려 편집이 완성됩니다. 긴 동영상은 썸네일 또한 제작하여 업로드하고, 짧은 영상은 핸드폰에 옮겨 3개의 플랫폼에 업로드합니다.

취미를 콘텐츠로 승화시키다! 운동, 댄스 콘텐츠를 제작하는 유튜브 채널 〈황헬린 탈출기〉

안녕하세요. 유튜브 〈황헬린 탈출기〉 채널을 운영하고 있는 유튜버 '황헬린'이라고 합니다. 현재 틱톡과 인스타그램도 같이 활발히 운영 중이며 운동과 댄스 위주의 영상을 주로 올리고 있습니다. 운동 전문은 아니지만 취미로 꾸준히 하고 있고 성이 황씨라서 황헬린이라는 이름으로 활동하게 되었습니다. 이름 그대로 처음엔 헬스나 홈트레이닝 영상을 주력으로 올리다가 요즘 폴댄스의 매력에 빠져 폴댄스 영상도 간간히 올리고 있으니 좋은 모습으로 봐주시길 바랍니다.

유튜브: https://www.youtube.com/@user-sc1sg6zd9k
틱톡: https://www.tiktok.com/@h.heallin
인스타: https://instagram.com/heali.nn

내가 숏폼 크리에이터가 된 이유

제가 숏폼 크리에이터를 하게 된 이유는 처음엔 유튜브 채널의 홍보 때문이었습니다. '유튜브 홍보 때문에 숏폼 콘텐츠를 제작한다?'라는 이야기가 조금 의아하게 들리는 분들도 있을 것 같습니다. 당시 제가 운영하던 유튜브 채널이 정체가 되던 시절이었습니다. 채널을 운영하는 크리에이터로서 이 위기를 어떻게 타개해 나가야 할지 걱정이 앞서던 시절이었습니다. 그때 홍보수단을 알아보던 중 숏폼에 대해 관심을 갖게 되었습니다. 많은 유튜브 채널들이 쇼츠 콘텐츠를 동시에 업로드하면서 채널 자체의 영상들의 노출도가 높아지는 현상을 보게 되었습니다. 때문에 저도 제 채널의 영상들의 노출도를 높이기 위해 쇼츠 콘텐츠를 본격적으로 제작해 업로드하기 시작했습니다. 특히 숏폼 콘텐츠의 경우, 영상 촬영 기술이나 편집 기술이 필요 없이 핸드폰 하나만 있으면 할 수 있었기 때문에 더욱 쉽게 제작을 시작할 수 있었습니다.

제 첫번째 숏폼 영상도 간단하게 필터로 촬영한 제 모습을 10초가량의 영상으로 제작한 간단한 영상이었습니다. 많은 노력을 들인 영상이 아니었음에도 많은 좋아요 등 좋은 반응을 얻을 수 있었습니다. 그 이후부터 꾸준하게 숏폼 영상을 제 유튜브 채널에 업로드하게 되었습니다.

숏폼 콘텐츠가 갖고 있는 장점은 일단 영상 길이가 짧다는 게 가장 큰 장점이 아닐까 합니다. 아마 저 뿐만이 아니라 다들 그렇게 생각할 거 같구요. 글보다 영상매체가 익숙한 세대들이 현재 트렌드를 이끌고 있으며 거기다 점점 더 핵심만을 요하는 사회가 되다 보니 같은 영상매체라고 해도 늘어져버리면 환영받지 못하는 시대가 와버렸죠. '얼마나 짧은 시간 안에 핵심만을 담아내는가'가 관건인데 숏폼 콘텐츠는 그걸 해냈고 앞으로도 꾸준히 각광받는 플랫폼이 될 것이라고 생각합니다.

유튜브 쇼츠와 틱톡 어떻게 다른가

제가 주로 숏폼 콘텐츠를 업로드하는 플랫폼은 유튜브, 틱톡입니다. 플랫폼별 특징을 비교해보자면 우선 유튜브의 경우 제가 워낙 늦게 진입한 케이스라 정말 힘들게 구독자를 모으고 있습니다. 그래도 예전부터 꾸준히 사람들이 이용하는 플랫폼인 만큼 유입하는 사람들이 많으므로 크리에이터로서 이름을 알리고 싶은 분들은 무조건 운영해야 하는 플랫폼이라고 생각합니다. 특히 '유튜브 쇼츠'의 경우, 2023년 2월부터 '조회수에 따른 광고 수익'을 창작자에게 나눠주기 때문에 좀 더 본격적으로 영상을 업로드할 생각입니다. 유튜브 쇼츠의 경우 틱톡 유저를 흡수하려는 유튜브의 투자가 이어지고 있고, 발전 가능성도 높아 보여 앞으로 제 채널에서도 좀 더 집중적으로 콘텐츠를 제작할 예정입니다.

'폴댄스'를 소재로 제작한 유튜브 쇼츠 업로드 영상

틱톡은 작년부터 시작하였고 제일 늦게 시작한 플랫폼이었는데 팔로워 수가 앞서 시작한 유튜브나 인스타그램보다 몇십 배나 많아지면서 저를 '관종의 길'로 제대로 접어들게 한 플랫폼이라고 할 수 있습니다. 뭔가 억누르던 욕망을 펼치게 할 수 있는 곳이라고 할까요? 그리고 지금 플랫폼 1위를 달리는 만큼 유입인구가 다른 플랫폼보다 월등하게 많아져 현재 트렌드 세터를 맡는 MZ세대 대표 숏폼 플랫폼이라고 자부합니다. 그러나 연령층이 다른 플랫폼보다 낮아서 그런지 유행하는 챌린지나 음원들이 길게 지속되지 못하는 느낌이 들기도 합니다. 그만큼 유행의 속도가 빠르기 때문에 타이밍에 맞게 트렌드를 적용한 영상을 제작해 업로드해야 하는 플랫폼이라고 생각합니다.

가장 핫한 노래를 배경으로 댄스 콘텐츠를 제작한 틱톡 영상

플랫폼별 특징에 따라 다른 영상을 업로드해야 하는 이유

앞서 소개했듯이 저는 〈황헬린 탈출기〉라는 유튜브 채널을 운영하고 있습니다. 원래는 헬린이 컨셉으로 헬린이를 탈출하고자 하는 마음에 헬스장과 홈트레이닝을 병행하는 운동 유튜브를 하려 했지만 한창 코로나로 헬스장 운영이 힘들어진 시점이라 아예 홈트레이닝 쪽으로 전향하게 되었습니다. 개인적으로 인스타그램 릴스는 유튜브 채널 영상을 홍보하는 성격으로 운영하고 있기 때문에 제작 방향이 비슷하다고 보시면 됩니다. 반면에 틱톡은 유튜브와는 다른 방향으로 운영하고 있습니다. 처음엔 틱톡도 유튜브 채널과 비슷하게 운동 카테고리를 위주로 제작하려 했습니다. 그러나 틱톡에서 가장 대세감이 있는 '댄스 챌린지'가 조회수 측면에서 유리한 면이 많았기 때문에, 해당 콘텐츠를 위주로 제작하고 있습니다. 그러나 현재는 다양성을 위해 챌린지 영상을 메인으로 간간히 폴댄스 영상도 올리고 있습니다. 앞으로 다양한 종목의 운동을 배우고, 관련 콘텐츠를 업로드하는 것을 목표로 하고 있습니다. 이처럼 플랫폼별 특징에 따라 콘텐츠 기획 전략을 차별화하여 진행하는 것이 중요합니다.

제가 유튜브와 틱톡 채널에 다른 방향의 영상을 업로드하는 이유는 채널별 메인 연령 타겟, 이에 따른 유행하는 영상의 방향이 다르기 때문입니다. 이처럼 숏폼 크리에이터가 되고 싶은 분들, 특히 다양한 플랫폼에 영상을 업로드하려는 분들은 플랫폼별 특성을 면밀히 분석하는 것이 중요합니다.

지금의 황헬린을 있게 해준 영상

지금의 〈황헬린 탈출기〉 채널을 있게 해준 대표적인 영상은 '폼롤러 스트레칭' 관련 영상입니다. 16만 이상의 높은 조회수를 기록하기도 했습니다. 해당 영상이 제 채널의 다양한 콘텐츠 중에서 인기를 얻게 된 이유는 영상에 대한 지속적인 분석 덕분이었습니다. 이전에는 카메라의 각도를 위나 정면에서 찍으면서 상대적으로 영상의 매력도가 떨어진다는 분석을 하게 되었습니다. 그러나 다양한 촬영 각도를 연구하다가 아래에서 위를 바라보는 최적의 각도를 찾게 되어 영상에 적용했습니다. 사실 영상 화질도 조명도 어느 하나 나은 부분이 없는 영상이라고 생각하지만 그래도 매력 어필이 가능했으니 높은 조회수가 가능했던 것이 아닐까 생각합니다. 크리에이터로서 항상 영상에 대한 팔로워들의 피드백을 살펴보고 영상을 업그레이드해 나가는 것이 중요하다고 생각합니다. 그래야만 지속적으로 채널을 운영해 나갈 수 있기 때문입니다.

나만의 영상 제작 A to Z

제 채널의 경우 운동하는 영상이나 챌린지 영상을 주로 찍기 때문에 영상 기획의 아이디어 부분만 해결되면 영상을 제작하고 편집하는 과정에서 크게 어려운 부분이 없습니다. 그리고 영상 제작이 간단해야 여러 채널을 운영해도 차질이 없다고 생각하기에 저는 최대한 복잡함을 버리고 간단한 영상들 위주로 제작하기를 선택하였습니다. 그래도 궁금하신 분들을 위해 짤막하게나마 제작 부분에 대해 나열해 보겠습니다.

1) 영상 기획 전 아이디어

영상의 아이디어는 유튜브의 경우 저와 비슷한 채널의 영상이나 게시물들을 보고 차용하는 방식으로 얻거나 예전에 배웠던 운동 동작들을 통해 얻습니다. 운동 동작들이 거의 비슷해서 복장이나 소품 구도와 같이 디테일한 부분은 다르게 하여 저만의 매력이 잘 드러나게 촬영하고 있습니다. 틱톡의 경우 자주 노출되는 챌린지와 음원이 무엇인지 수시로 피드를 보며 확인하면서 아이디어를 얻고 있습니다. 틱톡의 경우 유행의 주기가 빠르게 때문에 이러한 작업이 필수적입니다.

2) 영상 기획

영상 기획에 있어 가장 중요한 요소는 '내 채널의 정체성을 지키면서 얼마나 트렌드에 부합하냐'인 것 같습니다. 현재 활발하게 운영하는 숏폼은 유튜브 쇼츠와 틱톡이며 둘 다 제가 중요하다고 생각하는 기획에 맞춰 운영하고 있으나 차이를 두며 운영하고 있습니다. 유튜브 쇼츠는 아무래도 채널 홍보가 주 목적이기 때문에 채널 정체성 유지에 신경을 쓰고 있으며 기존의 업로드한 영상을 클립 형식으로 짧게 따서 구독자 유입을 이끌어내는 방식으로 운영 중입니다. 틱톡은 최근 유행하는 음원이나 챌린지를 업로드해야 조회수가 잘 나오기에 트렌드에 중심을 두며 운영 중입니다.

3) 영상 촬영

영상 촬영은 거의 집에서 하는 편이고 가끔 소속사에서도 촬영을 하곤 합니다. 촬영은 우선 주제를 먼저 선택하고 그날 촬영할 동작에 맞춰 구도 설정을 합니다. 그런 다음 영상 주제에 맞게 복장을 고르고 어떤 식으로 촬영할지 동작을 대략 맞춰본 다음 바로 촬영하는 편입니다.

4) 영상 편집

숏폼 콘텐츠의 경우 편집 프로그램은 거의 쓰고 있지 않습니다. 유튜브 영상은 편집을 따로 하고 있지만 유튜브 쇼츠와 틱톡은 스마트폰에서 그냥 찍고 올리기 때문에 편집을 따로 하는 것 없습니다. 초반엔 편집 어플을 사용해서 올리곤 했지만 영상 올리는 빈도가 늘어나면서는 효율성을 위해 현재는 많이 사용하지 않고 있습니다.

나만의 채널 운영 노하우

저만의 채널 운영 노하우는 얼마나 초심을 유지하느냐에 있다고 생각합니다. 채널 운영 초반에는 팬들과 소통을 잘 하며 피드백을 주고받다가 후반에는 그렇지 않은 경우들이 종종 있는데 저는 팬들과의 소통이 곧 채널 성장의 밑거름이라 생각되어 유튜브 댓글이나 인스타그램 DM 같은 소통 창구에 꾸준히 힘쓰고 있습니다. 구독자나 팔로워가 나날이 늘어가니 모든 댓글에 신경을 쓸 수는 없지만 시간될 때마다 답변해드리고 있으니 저와의 소통을 원하시는 분들은 언제나 환영입니다.

구독자와의 적극적인 소통은 채널 운영의 핵심 포인트

'진정성'과 '철저한 준비'로 사랑받는 메이크업, 코스프레 크리에이터 〈호기웅니〉

저는 메이크업, 코스프레 등 콘텐츠를 위주로 틱톡 채널을 운영하고 있는 〈호기웅니〉입니다. 제 채널의 팔로워분들에게 좋은 영향력을 끼치는 것이 크리에이터로서 저의 목표입니다. 이를 위해 진정성을 담은 캐릭터, 촬영 전 철저한 준비를 통해 완성도 높은 영상을 제작하고 있습니다.

틱톡 채널 : https://www.tiktok.com/@hogi_0416

내가 숏폼 크리에이터가 된 이유

저는 원래 운동 선수였습니다. 그런데 운동을 하던 중 부상을 입게 되면서 방황을 하던 시기가 있었습니다. '아 나는 더 이상 내 꿈을 펼칠 수가 없겠구나'라는 생각을 하면서 희망을 잃어버린 채 살아가고 있었습니다. 그러나 우연히 정생물 선생님의 메이크업 관련 책을 읽고 '메이크업'이라는 새로운 분야에 눈을 뜨게 되었습니다. 그때가 2016년 말쯤이었는데요, 새로운 분야에 도전하게 되면서 정말 열심히 공부했습니다. 전문적으로 공부하기 위해 미용 고등학교에 입학하게 되었는데 그때 주변 친구들로부터 '너 유튜버하면 잘 할 것 같아! 너가 화장하는 것 올려줘'라는 말을 듣게 되었습니다. 친구들의 그 말에 용기를 얻어 영상을 하나씩 제작해서 업로드하기 시작했습니다. 사실 예전에는 '내가 무슨 유튜버야, 나는 그런 것 못해'라는 마음이 강했어요. 그러나 지금은 '뭐든 해보자'라는 마음으로 유튜브 채널을 운영하고 있습니다. 때론 악플에 힘들 때도 있지만 그 모든 과정을 거치며 성장해가고 있다고 생각합니다.

숏폼 콘텐츠 얼마나 대세인가!

제가 요즘 출, 퇴근을 하면서 많이 느끼는 부분이 있는데, 정말 많은 어린 학생, 직장인, 심지어 할머니, 할아버지분들도 틱톡, 릴스, 쇼츠를 보고 계시다는 점입니다. 종종 제 영상을 보고 계시는 팬분들을 만난 적도 있습니다. 제가 처음 틱톡 크리에이터를 시작할 때만 해도, 단순한 해외 어플로 인식되었던 적도 있었던 것 같습니다. 그러나 이제는 지하철에 있는 대부분의 사람들이 숏폼 콘텐츠를 즐기고 있을 만큼 큰 플랫폼으로 성장했다는 것을 실감합니다. 특히 요즘에는 아이돌, 배우 등 기존 셀럽분들도 틱톡 등 숏폼 콘텐츠를 제작하고 계시잖아요. 아이돌의 새 앨범이 나오면 요즘엔 '댄스 챌린지'가 당연시되고 있고요.

개인적으로 숏폼 콘텐츠의 대세감을 절감하게 되는 순간은, 저에게 광고가 들어올 때입니다. 이제는 틱톡 크리에이터와 협업하는 광고 콘텐츠가 상당히 일상화되었다는 뜻이니까요. 광고는 시대의 대세감을 보여주는 분야라고 생각합니다. 그런 분야의 아주 큰 축을 틱톡 등 숏폼 콘텐츠가 맡고 있다는 것이 지금도 신기할 따름입니다.

〈호기웅니〉 채널을 소개합니다

제가 운영하는 틱톡 채널 〈호기웅니〉는 주로 코스프레, 메이크업 콘텐츠를 업로드하고 있습니다. 종종 저의 반려동물인 사고뭉치 토토와 끼끼의 일상 영상도 함께 업로도 하고 있습니다. 제가 틱톡 크리에이터가 된 가장 큰 이유 중 하나가 '나의 일상을 사람들에게 공유하면서 화면 넘어 다른 사람들에의 삶에 선향 영향력을 끼치고 싶다'라는 바람 때문이거든요. 그래서 영상을 제작하는 과정에서 힘든 생각이 들어도 포기하지 않고 여기까지 온 것 같아요.

저의 코스프레 특징은 '레이디버그'라는 애니메이션의 주인공인 '레이디버그'라는 캐릭터입니다. 이 여자 주인공이 저와 닮은 부분이 있다고 생각해서 코스프레하게 되는 것 같아요. 평소 소심하고 자신감 없는 이 캐릭터가 변신할 때만큼은 멋진 캐릭터이거든요. 평소엔 소심하기도 하지만 누군가에게 영웅 같은 존재가 되고 싶은 제 마음이 투영된 코스프레이기도 합니다.

틱톡을 처음 시작할 때는 그저 재미로 시작했었어요. '사랑을 받지 못하더라도 기록용 포트폴리오 채널로 활용해야지'라는 생각으로 막연하게 촬영을 이어나갔던 것 같아요. 첫 영상이 좋아요 5천이 넘었을 때도 어안이 벙벙하기도 했어요. '왜 나를 좋아하지?'라는 의문점이 더 컸었죠. 제가 어릴 적에는 자신감도 없고, 발표도 못하고 긴장을 엄청 많이 하는 학생 중

하나였거든요. 어느 날 제가 업로드한 영상이 큰 사랑을 받게 되면서 팔로워가 계속해서 늘어났고 지금에 이르게 되었습니다.

캐릭터에 나만의 해석을 담는 것이 사랑받는 비결

'레이디버그' 코스프레를 기반으로 제작한 영상

　앞서 말씀드린 '레이디버그' 코스프레의 경우 조회수 100만이 넘어가는 등 큰 사랑을 받고 있습니다. 코스프레 영상이라고 해서 단순히 캐릭터의 외모만 비슷하게 따라하는 정도로는 큰 인기를 얻기 어렵다고 생각합니다. 조회수 100만이 넘은 영상의 경우도 귀여운 초등학생의 노래를 활용해 립싱크를 했던 영상이었거든요. '팬한테 전화가 걸려왔다'라는 제목의 해당 영상은 레이디버그 캐릭터를 기반으로 '팬에게 전화가 걸려온 상황'이라는 상황 설정, 그리고 '초등학생의 노래'를 립싱크하는 재미의 조합이 인기의 비결이라고 생각합니다. 결국, '레이디버그'라는 제 채널 속 캐릭터에게 저만의 해석을 입혀야 하는 거죠. 그 외에도 '블랙캣'을 코스프레한 캐릭터의 등장, 틱톡에서 인기 있는 다양한 음원 활용 등 다양한 시도들을 했습니다. 틱톡을 하려는 분들은 이러한 '조합'을 고민해 보는 것도 좋을 것 같습니다. 캐릭터, 상황, 음원 등 다양한 요소들이 적절히 조화되었을 때 비로소 사랑받을 수 있는 영상이 될 수 있는 것 같습니다.

흥미로운 도입부가 '좋아요' 수를 결정한다

메이크업 영상을 제작하다가 문득 아이디어가 떠올라 '메이크업 클렌징' 영상을 제작한 적이 있습니다. 해당 영상은 놀랍게도 좋아요 수가 16만이 넘는 인기를 얻었습니다. 엄청 많이 고민을 한 기획도 아니었고, 심심한 마음에 한번 기획해서 제작한 영상이었습니다. 평소에 저는 영상의 태그 숫자를 최대한 많이 적용했습니다.

왠지 태그 숫자가 적으면 영상의 인기가 적을 것 같았기 때문입니다. 그런데 이 영상은 태그가 4개뿐이었지만 더 큰 사랑을 받게 되었습니다. '아 단순히 태그 숫자가 많은 것보다 영상의 도입부가 얼마나 임팩트 있느냐가 핵심이구나!'하는 생각이 들었습니다. 도입부터 메이크업을 지우기 위해 머리의 테이프를 뜯어내면서 약간 고통스러워하는 표정을 담았습니다.

이 장면의 임팩트 덕분에 많은 분들이 영상을 끝까지 시청하게 되었고, 그 결과 많은 '좋아요' 수치를 기록했던 것입니다. 그리고 틱톡이기 때문에 도입부에서 눈과 귀를 먼저 잡아야 합니다. 특히 오프닝 부분에는 자막보다는 음원, 시작할 때의 말소리 등이 더 중요하는 점을 깨닫고 이후 해당 공식을 영상에 적용하고 있습니다. 여러분들도 흥미로운 도입부를 위해 많은 고민을 하시는 것이 사랑받을 수 있는 좋은 방법임을 잊지 마시기 바랍니다.

임팩트 있는 도입부로 많은 '좋아요'를 받은 영상

크리에이터는 누구보다 건강해야 한다

언제나 재밌는 콘텐츠를 팔로우하고 있는 분들에게 제공해야 한다는 압박감이 너무 컸던 시절도 있습니다. 그러한 압박감에 시달리고 있다는 기분이 들기도 했습니다. 하지만 그러한 압박감 속에서는 컨디션이 좋을 수 없었고, 그럴 때는 영상에서 티가 확 나더라구요. 그러면 제 영상을 보는 분들도 즐거운 마음을 가질 수 없을 것입니다. 제가 몸과 정신의 건강이 좋을 때 촬영해야 구독자분들도 신선하고 건강한 콘텐츠를 시청할 수 있다는 것을 지금은 잊지 않으려 합니다. 그래서 크리에이터는 누구보다 몸과 정신이 건강해야 한다고 생각합니다.

　팔로워분들과 소통을 열심히 하면서 기획의 아이디어를 얻는 것도 중요합니다. 저는 최대한 댓글을 읽고 소통하려고 노력하는 편인데요. 그 댓글 속에 제 영상의 개선점, 그리고 새로운 소재에 대한 아이디어 등 다양한 정보들이 녹아져 있습니다. 만약 저 혼자의 생각만으로 영상을 기획했다면 제 채널은 이미 없어졌을지도 모를 일입니다. 하지만 팬분들이 요청해 준 기획을 영상에 녹이다 보니 항상 새로운 영상들이 나오는 것 같습니다. 그만큼 팔로워분들의 목소리에 귀 기울이는 것은 채널의 건강에 매우 긍정적인 요소가 된다고 생각합니다.

제 캐릭터는 '참지 않아!' 입니다

　채널 속 제 캐릭터는 '참지 않아!'입니다. 사실 이 캐릭터는 제 경험이 녹아져 있기도 합니다. 그렇기에 진정성 있는 캐릭터라는 생각을 합니다. 요즘의 저는 실제로 불의를 보면 참지 못하는 성격을 갖고 있습니다. 그런데 예전에는 그렇지 못했어요. 하고 싶은 말이 있어도 소심한 마음에 참기만 했었습니다. 그랬더니 마음의 병이 너무 커지기도 했습니다. 사람들 앞에 나서는 것이 무섭기도 하고, 제가 지키고 싶은 것들을 잃기도 했습니다. 그랬던 제가 이제는 '참지 않아!'를 인생의 모토로 삼고 있습니다. 그리고 그 캐릭터를 영상에 녹이고 있습니다.

　'너가 왜 내 남자친구 옷을 입어?'라는 대사로 시작하는 이 영상은 제 캐릭터를 재미있게 콘텐츠로 녹인 영상입니다. '여우 같은 여사친'에게 참지 않고 할말을 하는 캐릭터를 통해 보는 사람의 속이 시원한 영상을 제작했습니다. 이 영상은 속 시원함을 안겨주기도 하지만, 최근 저의 캐릭터를 녹인 것이기에 더욱 저를 닮은 영상이라고 생각합니다.

이렇게 본인의 진정성 있는 캐릭터를 기반으로 콘텐츠적으로 흥미롭게 녹인다면 더욱 높은 반응을 얻을 수 있을 것이라 생각합니다. 결국 숏폼은 크리에이터인 저 스스로를 드러내는 것이라 생각하기 때문에 '진정성'이 기반이 되어야 한다고 생각합니다.

'참지 않아' 캐릭터를 살려 제작한 영상

철저한 준비는 '차별화' 된 콘텐츠의 기본이 된다

저는 촬영을 하기 전에 영상과 관련된 모든 것을 찾아 철처한 준비를 하려고 합니다. 먼저 제가 촬영할 주제와 가까운 분위기를 갖고 있는 일러스트들을 찾아서 쭉 훑어봅니다, 그리고 그 중 몇 개를 직접 그림으로 그려보기도 합니다. 만약 메이크업할 캐릭터가 '뱀파이어'라면, 그날 뱀파이어와 관련된 영화, 설화 등을 유튜브에서 찾아봅니다. 또 '뱀파이어'를 주제로한 다양한 숏폼 영상도 찾아봅니다. 만약 참고하는 영상이 있다면 꼭 출처를 밝히고 사용하기도 합니다. (누군가 힘들게 만든 하나의 작품이기 때문입니다.) 음원의 경우 10개 정도를 찾아서 추리고 있습니다. 이렇게 정리된 음원, 일러스트, 그 밖의 자료들을 합쳐서 주로 주말에 촬영을 합니다.

아무리 간단해 보이는 영상이라도 철저한 준비는 기본인 것 같아요. 철저히 준비하면 할수록, 다른 크리에이터와의 차별점을 드러낼 수 있다고 생각합니다. 사실 뱀파이어 코스프레가 '다 거기서 거기'일 수도 있지만, 철저한 준비를 통해 차별점을 드러낸다면 '차별화된 뱀파이어'를 표현할 수도 있을 것입니다. 그런 것들이 모여서 팔로워들이 늘어나고 저의 팬들이 늘어나는 것이라 생각합니다.

캐릭터 코스프레 콘텐츠로 승부한다! 〈연우〉

저는 주로 캐릭터 코스프레 콘텐츠를 제작하고 있습니다. 많은 사랑을 받는 캐릭터를 코스프레 하되 저만의 차별점을 가져가기 위해 항상 고민하고 있습니다.

틱톡 채널 : https://www.tiktok.com/@little_wolf03

내가 숏폼 크리에이터가 된 이유

처음에는 호기심이 숏폼 크리에이터가 된 가장 큰 이유였습니다. '재밌어 보인다. 내가 할 수 있는 콘텐츠가 있을까?'하고 고민하다가 무작정 시작했습니다. 처음엔 그저 '손댄스 챌린지'를 따라하는 영상부터 제작하기 시작했습니다. 나중엔 코스프레, 메이크업을 주요 소재로 영상을 제작했습니다. 틱톡에서 유행하는 음원들을 기반으로 스토리를 짜고 드라마처럼 영상을 제작했습니다. 이러한 과정 자체가 저에게 또 하나의 즐거움으로 다가왔습니다. 제가 만든 영상을 좋아해 주시는 다양한 분들과 즐거운 소통을 나누고 영상을 만들다 보니 어느새 자연스럽게 크리에이터로 자리잡게 되었습니다.

숏폼 콘텐츠의 대세감을 실감하는 순간

거리를 돌아다니다 보면, 가게에서 흘러나오는 음악들을 들을 때가 있습니다. 음악들을 듣다 보면 틱톡 등 숏폼 플랫폼에서 유행했던 음악들이 대부분인 것 같습니다. 그리고 '이 노래 틱톡에서 듣던 노랜데'하는 소리를 들을 때도 있고, 틱톡에서 유행하고 있는 춤을 추면서 지나가시는 분들을 보게 될 때도 있습니다. 그럴 때면 '정말 남녀노소 숏폼 콘텐츠를 즐기고 있구나'라는 생각이 들곤 합니다. 대중 교통을 이용할 때, 아이나 할머니, 할아버지, 그리고 학생들까지 틱톡을 시청하고 있는 것도 심심치 않게 볼 수 있습니다. 그럴 때면 정말 요즘은 숏폼 콘텐츠와 플랫폼이 우리의 일상에 얼마나 녹아져 있는지를 실감할 수 있습니다.

평소 캐릭터와 연관된 광고는 좋은 시너지가 날 수 있다

제가 처음 제작한 광고가 가장 기억에 남습니다. 아무래도 처음 경험한 일이기도 했고, 특히 제가 코스프레한 캐릭터와 연관된 광고라 유난히 기억에 남는 것 같습니다. '미라큘러스'라는 애니메이션과 콜라보한 스킨케어 관련 광고 상품이었습니다. 저의 영상 파트너인 '호기'와 함께 영상을 제작하게 되었는데요. 제가 평소에 '미라큘러스의 블랙캣' 캐릭터를 코스프레 했었는데, 이러한 연관성 때문에 저에게 광고 의뢰가 왔던 것 같습니다. 저 스스로도 많이 긴장했지만, 광고주분들의 칭찬에 감동받기도 했던 기억이 있습니다. 종합적으로 좋은 기억만 가능한 영상이었습니다. 그리고 제 구독자분들에게도 평소 저의 주요 캐릭터와 연관되어 있던 상품이었기 때문에 긍정적으로 남지 않았을까 생각합니다.

애니메이션 '미라큘러스' '블랙캣' 캐릭터를 코스프레한 영상

사랑받기 위한 콘텐츠를 제작하는 나만의 비법

저는 주로 제가 코스프레하는 캐릭터로 변신하는 트랜지션 형태의 영상 위주로 영상을 제작하고 있습니다. 그래서 썸네일에 코스프레가 최종적으로 되어 있는 모습을 담지 않으려고 노력합니다. '어떻게 이 캐릭터로 변신할 수 있을까?'하는 궁금증을 갖게 하는 것이 제 콘텐츠의 매력도를 높인다

고 생각합니다.

또 다른 중요한 포인트는 유행을 따라하되 저만의 특징을 녹이는 것이라 생각합니다. 예를 들어 많은 분들의 사랑을 받는 애니메이션 '귀멸의 칼날' 캐릭터 코스프레는 기본적으로 많은 분들의 관심을 받을 수밖에 없습니다. 저는 저의 영상 파트너인 〈호기웅니〉 채널의 호기와 콜라보를 하는 등 차별점을 두기 위해 노력합니다.

애니메이션 '귀멸의 칼날' 캐릭터를 코스프레한 영상

숏폼 크리에이터에 있어 편집의 중요한 포인트는?

사실 저는 크게 활용할 줄 아는 편집 프로그램은 없습니다. 간단하게 편집을 하기 때문에 스마트폰의 편집 어플을 활용합니다. 저는 숏폼 크리에이터에게 있어 편집에서 중요한 점은 오히려 어떤 필터를 입혔을 때 영상 기획에 맞는 분위기가 살아나는지 등이 더 중요하다고 생각합니다. 특히 요즘은 틱톡 내의 편집 기능만으로도 충분히 영상을 올릴 수 있는 세상이 잖아요. 편집 프로그램을 다루지 못한다고 해서 두려움을 가질 필요는 없 다고 생각합니다. 하지만 앞서 말씀드린 대로 영상 기획 의도를 잘 살리는 포인트를 잘 적용한 편집 등에 대해서는 많은 고민을 하신다면 더욱 사랑 받는 영상을 만들 수 있을 거라 생각합니다.

내가 하고 싶은 것보다는 나에게 어울리는 캐릭터를 코스프레하는 이유

저는 제가 하고 싶은 캐릭터보다는 다른 사람이 보았을 때 저에게 어울 릴 만한 캐릭터를 주로 코스프레하고 있습니다. 사실 이 포인트가 팔로워 들의 좋아요, 댓글을 유도하는 중요한 부분이라고 생각합니다. 그래서 저 는 주로 동글동글하게 생긴 열혈 캐릭터들을 주로 코스프레하고 있습니다. 제 성격과 제 얼굴상에 맞는 캐릭터가 더 잘 어울리기 때문입니다. 그러한 캐릭터를 찾게 되면 분석하고 연기하게 됩니다. 저에게 어울리는 캐릭터라 할지라도 해당 캐릭터가 등장하는 애니메이션, 게임 등의 분위기를 고려해 서 영상에 적용하려고 노력합니다. 그런 노력을 했을 때, 많은 분들이 '이 분 정말 캐릭터 소화를 잘하시네요!' 등 칭찬의 댓글을 받게 되는 것 같습 니다. 그리고 그런 칭찬을 받는 영상들이 대부분 사랑을 받게 되는 것 같습 니다.

크리에이터 스스로에게 어울리는 캐릭터를 코스프레한 영상

캐릭터 연구를 위해 영화를 많이 보는 이유

저는 코스프레 영상을 주로 제작하고 있기 때문에 영화 등 다양한 영상 콘텐츠를 통해 캐릭터와 관련된 다양한 아이디어를 얻고 있습니다. 특히 영화의 경우 장르가 매우 다양하고, 캐릭터의 특이점이나 성격이 잘 드러나기 때문에 큰 도움이 되는 것 같습니다. 영화 속의 캐릭터가 설령 악역이라고 해도 뭔가 이유가 있는 빌런 캐릭터들이 매력이 있는 경우가 많잖아요. 이렇게 이목을 끄는 캐릭터가 왜 인기 있는지 분석하고, 제가 표현하고자 하는 영상에 반영하려고 노력하는 것 같습니다. 예를 들어 '수어사이드 스쿼드' 같은 히어로 영화에 나오는 빌런 캐릭터들의 경우, 매력적이고 이목을 끌기 좋은 캐릭터라고 생각합니다. 그래서 저는 애니메이션, 스릴러, 공포, 로맨스, 코미디 등 다양한 영화에서 많은 영향을 받고 영상과 관련된

아이디어에 반영하고 있습니다.

제 캐릭터가 가장 잘 녹아든 영상은 '동생 꾸미기 시리즈' 입니다

제 캐릭터가 잘 녹이든 대표적인 영상은 '동생 꾸미기 시리즈'가 아닐까 싶습니다. 스토리를 기반으로 진행되는 영상인데요. 예를 들면 좋아하는 사람에게 고백했지만, 차이고 돌아온 동생을 응원하기 위해 업그레이드된 메이크업과 패션으로 꾸며주는 영상이예요. 사실 제작 주로 제작하고 있는 코스프레 형식의 콘텐츠는 코스프레만의 재미가 있지만, 아무래도 제 평상시의 모습을 담고 있는 콘텐츠는 아닙니다. 제가 코스프레하고자 하는 캐릭터를 표현하는 작업이기 때문입니다. 그래서 제 평소 모습을 영상에 담고 싶어 제작한 콘텐츠가 바로 '동생 꾸미기 시리즈'입니다. 처음엔 이런 형제, 남매가 흔하지 않을 것 같아서 '사람들이 좋아할까'에 대한 걱정이 있었습니다. 그러나 생각보다 꽤 많은 인기를 얻게 되고, '공감된다'라는 말도 많이 듣게 되었습니다. 그래서 저 스스로도 많이 놀랐던 콘텐츠였습니다. 평소에 많이 싸우기도 하지만, 장난끼도 많은 제 동생들을 생각하는 마음으로 제작했는데 이런 부분들을 많이 공감해 주셨던 것 같습니다. '저도 이렇게 꾸며주는 사람이 있으면 좋겠어요', '동생하고 진짜 친하신 것 같아요' 등 다양한 댓글들을 볼 수 있었습니다.

숏폼 영상을 제작하는 과정

제일 먼저 코스프레가 가능한 캐릭터를 찾아봅니다. 최근 가장 유행하는 캐릭터가 가장 우선순위라고 볼 수 있습니다. 의상, 가발, 렌즈 등 촬영을 위한 소품 등이 모두 준비가 되면, 그 다음 음원을 찾아봅니다. 최근 가장 인기가 있는 음원 3개, 스스로 생각했을 때 가장 어울린다고 생각하는 음원 3개 이렇게 약 6개 정도의 음원을 미리 찾아 놓습니다. 음원의 분위기에 맞춰 스토리 구상을 대략적으로 머리 속에 해 놓습니다. 콘티를 따로 짜 놓지는 않습니다. 촬영을 할 때 꼭 콘티대로 진행되지 않을 때도 있고, 더 좋은 구상이 촬영 중에 나오기도 하기 때문입니다. 촬영은 쉬는 날에 몰아서 촬영합니다. 코스프레 콘텐츠의 경우 생각보다 준비할 것들이 많기 때문입니다. 촬영 시간은 최소 3시간 길게는 6시간 정도 걸리는 것 같아요. 촬영 중 재미있는 영상이 많이 나올 때는 이것 저것 많이 찍어보게 됩니다. 그러다 보면 촬영 시간은 자연스럽게 길어지기도 하구요.

1. 〈연합뉴스〉 틱톡, 구글 제치고 올해 세계 방문자수 1위 사이트 올라 (2021.12.23)

2. 〈동아일보〉 틱톡 스타 1위 수입 얼마?…18세에 美대기업 CEO 능가 (2022.01.14)

3. 〈이코노미스트〉 유튜브 , '숏츠' 본격 수익화… 틱톡 · 릴스와 정면 대결

4. 〈ZDNET Korea〉 틱톡, 동영상 길이 최대 10분으로 늘린다 (2022.03.02)

5. 〈스포츠조선〉 음원 차트 움직이는 틱톡…빌보드도 멜론도 견인 (2022.03.25)

6. 〈서울경제〉 숏폼으로 뜬 J팝 이마세 "멜론 1위하면 단독콘서트" (2023.04.14)

7. 〈뉴스핌〉 음악방송 · 음원차트도 집중하다…소셜 플랫폼의 강세 (2022.03.28)

8. 〈OSEN〉 쉐보레, "박재범과 함께 댄스 챌린지" SNS 이벤트 (2021.05.10)

9. 〈파이낸셜뉴스〉 CU, 3.1절 맞아 '다시 읽는 독립선언서' SNS 캠페인 (2022.02.25)

10. 〈머니S〉 2030 사로잡은 주류업계… 무더운 여름밤, 두꺼비랑 한잔할까? (2021.07.18)

11. 〈블로터〉 [테크체인저]당근이세요? "망고인데요"…틱톡 캠페인 어떻게 만들어졌나 (2022.02.02)

12. 〈HARPERSBAZAAR〉 누적 시청자 10만명! 틱톡 X 서울패션위크 라이브 방송은 무엇? (2021.10.15)

13. 〈동아일보〉 이젠 틱톡으로 최신패션 즐긴다. (2021.10.20)

14. 〈데일리안〉 '격식있는?' '고상한?'…틱톡으로 모인 예술인들, 편견 깬다 (2021.08.05)

15. 〈아이뉴스24〉 틱톡, 유명 미술관 · 박물관 '언택트' 투어 (2021.08.17)

16. 〈데일리안〉 후기 넘어 직접 제작까지…'틱톡' 속에 부는 뮤지컬 콘텐츠 새 바람 (2022.05.27)

17. 〈YTN〉[Y초점] 보수와 전통의 칸 영화제, 틱톡은 품고 넷플릭스는 외면 (2022. 04.08)

18. 〈KBS〉틱톡, 부천국제판타스틱영화제와 함께 제작 지원한 '세로시네마' 10편 공개 (2021.07.08)

19. 〈TECHM〉올해 콘텐츠 트렌드 '숏폼' 애니?…OTT 인기 심상치 않네 (2023.01.09)

20. 〈울산제일일보〉오리지널숏폼드라마 "러브이터" 시즌2 (2022.12.23)

21. 〈한경〉"틱톡, 예능·드라마 즐길 수 있는 '엔터테인먼트 플랫폼'으로 진화" (2021.12.20)

22. 〈엑스포츠뉴스〉HB·틱톡, 인니 웹툰 드라마화 오디션 진행 "재능 가진 누구나 참여" (2023.02.02)

23. 〈디지털타임스〉CJ ENM "내년 숏폼의 시대 도래"… 콘텐츠시장 겨냥 '멀티 채널' 전략 (2022.12.20)

24. 〈연합뉴스〉베이징동계올림픽 미국 중계 승자는 틱톡? "방송사 능가" (2022.02.17)

25. 〈일간스포츠〉'구자철 합류' KBS, 카타르월드컵에 유튜브 → 틱톡 플랫폼 총동원 (2022.11.11)

26. 〈디지털데일리〉틱톡 숏폼 영상으로 'K리그' 신규 팬 유입 꾀한다 (2023.02.22)

27. 〈인더뉴스〉틱톡, 유럽축구연맹(UEFA) '유로 2020' 공식 파트너 선정 (2021.02.15)

28. 〈스포츠경향〉#틱톡 #스포츠 #협업 #윈윈 (2023.03.15)

29. 〈투어코리아〉트립닷컴, 틱톡과 함께 여행 욕구 자극 '떠나요 챌린지' 진행 (2022.08.25)

30. 〈아주경제〉서울관광재단, 틱톡(TikTok)과 함께한 'SEOUL NOW' 챌린지 글로벌 1700만뷰 돌파 (2020.05.13)

31. 〈GQ〉틱톡으로 라이브 콘서트를? 위켄드 'After Hours' 가상 음악 체험 이벤트 (2020.08.10)

32. 〈아시아경제〉IT업계 '라이브 커머스' 전쟁…틱톡도 참전 (2021.04.07)

33. 〈조선일보〉광고 줄자 유튜브도 틱톡도 "쇼핑해야 산다" (2022.11.24)

34. 〈미디어스〉틱톡, 미국 중간선거 활약상 (2022.12.07)

35. 〈조선비즈〉[기자수첩] '숏폼'에 빠진 대선주자들, 공약은 놀이가 아니다 (2022.01.21)

36. 〈연합뉴스〉틱톡, 선거공정성 보호규정 등 커뮤니티 가이드라인 개정 (2023.03.22)

37. 〈한국일보〉'틱톡'서 성범죄 피해자들 미투 운동 시작됐다 (2020.06.19)

38. 〈매일경제〉틱톡에선 경제 콘텐츠도 놀이처럼 (2021.03.16)

39. 〈중앙일보〉증오범죄 방지 '틱톡' 화제⋯시애틀 제인 박씨 영상 100만 조회 (2021.03.24)

숏폼 콘텐츠 기획/마케팅 전문가인 선우의성 작가의 숏폼에 대한 인사이트가 고스란히 담겨 있는 책입니다. 이제 이 책을 통해 숏폼에 대한 통찰력을 얻어가시기 바랍니다.

– 틱톡 크리에이터 〈미인〉 –

숏폼 콘텐츠를 미리 경험한 크리에이터들의 살아있는 조언이 담겨있는 책입니다. 숏폼 크리에이터를 꿈꾸는 모든 분들께 반드시 필요한 책이 될 것이라 확신합니다.

– 유튜브 크리에이터 〈무철부부〉 –

요즘 유행하는 숏폼 콘텐츠를 누구나 따라하기 쉽게 설명해서 눈에 쏙쏙 들어오는 책입니다. 모두 숏폼 도전해보세요!

– 유튜브/틱톡 크리에이터 〈이라이라경〉 –

틱톡을 시작으로 유튜브 쇼츠, 인스타그램 릴스 등 짧고 강렬한 영상의 시대가 본격화됐습니다. 단순히 미디어 소비 습관의 변화에 그치는 게 아니라 어엿한 비즈니스 모델로 거듭나고 있습니다. 숏폼 콘텐츠에 관심이 있지만 시작이 막막한 예비 크리에이터들을 위해, 또 최신 콘텐츠 트렌드를 놓치지 않으며 새 시장을 모색하는 마케터들에게 이 책을 추천합니다.

– SBS 신정은 기자 –

여기 지도를 가진 자와 그렇지 못한 자가 있습니다. 복잡한 미로에서 먼저 도착하는 이는 둘 중 누구일까요? 모두의 예상대로 지도를 가진 자일 겁니다. 이 책은 미로보다 더 복잡한 콘텐츠 시장, 그 중에서도 가장 뜨거운 숏폼 콘텐츠의 방향성을 정립하고 있습니다. 누구보다 빠르게 숏폼 콘텐츠의 방향을 알고 싶다면 이 책을 선택하시길 추천 드립니다.

– 유튜브 크리에이터/작가 〈손희애〉 –

이 책은 수많은 크리에이터들의 성장과정, 그리고 앞으로 나아가기 위한 고민들이 담겨있는 책입니다. 아직 꿈을 품은 채로 시작을 하지 못한 분들이 있다면, 이 책을 꼭 읽으시고 앞으로 부딪혀 나갔으면 하는 바람으로 이 책을 강력 추천 드립니다.

– 틱톡 크리에이터 〈나기〉 –

숏폼 콘텐츠의 트렌드, 기획, 제작 등 A to Z를 알고 싶다면? 이 책 한권으로 종결 가능합니다.

– 틱톡 크리에이터 〈리군〉 –

숏폼 크리에이터를 시작하시는 분들은 필히 이 책을 읽어 보시기 바랍니다

– 틱톡 크리에이터 〈민현〉 –

숏폼 크리에이터를 준비하고 있는 사람, 숏폼 콘텐츠를 즐겨보는 사람, 그리고 숏폼 마케팅을 준비하는 마케터까지! 모두에게 필독서로 추천 드립니다.

– 틱톡 크리에이터 〈호기웅니〉 –

숏폼 콘텐츠 제작의 비밀을 가장 쉽게 이해하고 싶다면? 꼭 이 책을 읽어보시기 바랍니다.

– 틱톡 크리에이터 〈연우〉 –

사랑받는 숏폼에서 돈이 되는 숏폼까지, 15가지 노하우

대박나는 숏폼 콘텐츠의 비밀

1판 1쇄 인쇄 2023년 7월 10일
1판 1쇄 발행 2023년 7월 15일

—

지 은 이 선우의성
발 행 인 이미옥
발 행 처 디지털북스
정   가 17,000원
등 록 일 1999년 9월 3일
등록번호 220-90-18139
주   소 (03979) 서울 마포구 성미산로 23길 72 (연남동)
전화번호 (02) 447-3157~8
팩스번호 (02) 447-3159

—

ISBN 978-89-6088-431-1 (03320)
D-23-08